한부모라는 세계

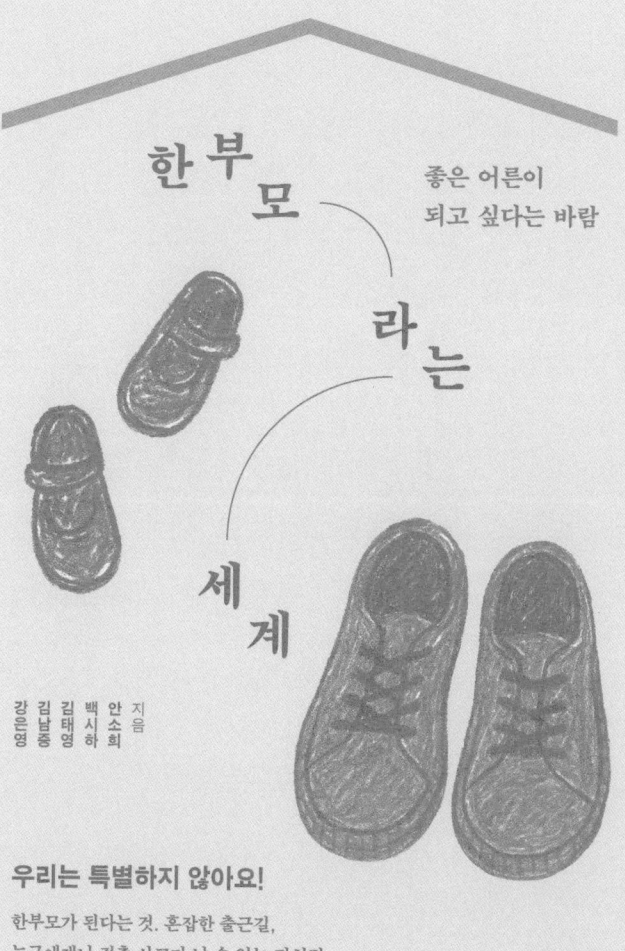

이 책을 모든 한부모 가정에 바칩니다.

── 추천사 ──

『한부모라는 세계』는 예기치 못한 삶의 소용돌이 속에서도 끝까지 아이를 지켜낸 분들의 뜨겁고도 깊은 여정을 담고 있습니다. 개인의 회고를 넘어 한부모 가정의 이야기를 세상과 나누기 위해 함께하는 사랑밭이 마련한 공저 프로젝트의 결실이기도 합니다.

  이 특별한 프로젝트를 위하여 현장에서 만난 여러분들 가운데, 삶의 무게를 꿋꿋이 견디며 하루하루를 살아낸 다섯 분이 용기를 내어 자신의 이야기를 글로 써 주셨습니다. 그 의미 있는 도전이 집약된 이 책은 한부모 가정의 현실과 마음을 가장 생생하게 보여주는 기록이 되었습니다.

  책에는 사랑하는 이를 떠나보낸 깊은 상실, 홀로 감당해야 하는 책임, 끝이 보이지 않는 불안 속에서도 포기하지 않은 선택 등, 솔직한 삶의 고백이 담겨 있습니다. 여기에 더하여, 무너진 마음 위로 스며든 작은 감동, 아이의 웃음을 지켜주기 위해 버틴 하루, 그리고 다시 내일을 살아가게 한 강인함이 함께 녹아 있습니다. 그 가운데서 우리는 '누군가의 온기가 한 사람의 내일을 바꾼다'는 사실을 확인하게 됩니다.

무엇보다 이 책이 가진 가장 큰 힘은 진솔함에 있습니다. 상처를 감추거나 미화하지 않고, 있는 그대로 드러내면서도 그 속에서 발견한 희망을 놓치지 않습니다. 그래서 이 이야기는 한부모 가정뿐 아니라, 부모로서의 삶, 자녀로서의 삶을 살아가는 모든 이에게 깊은 울림을 줄 것입니다. 더 나아가 누군가는 이 책에서 위로를 받을 것이고, 누군가는 용기 있는 삶을 살고 싶다는 결심을 하게 될 것입니다.

함께하는 사랑밭은 그동안 다양한 사업을 통해 수많은 가정을 만나왔습니다. 그 과정에서 알게 된 한 가지 중요한 사실은, 진정한 위로와 도움은 '이야기를 들어주는 일'에서 시작된다는 것이었습니다. 이 책은 바로 그 경청의 결과이며, 더 많은 이가 한부모 가정의 삶과 마음을 이해하도록 돕는 매개가 되어줍니다.

삶의 가장 어두운 골짜기에서 서로를 붙잡고 빛을 찾아 나아간 그 여정에 박수를 보내며, 아울러 그 길을 함께 공유해 주심에 다시 한번 감사드립니다. 부디 이 기록이 더 많은 이에게 희망을 전하는 소중한 도구가 되기를 바라며 이 책을 추천합니다.

정유진, 함께하는 사랑밭 대표이사

프롤로그

한 부모가 된다는 것. 혼잡한 출근길, 누구에게나 접촉 사고가 날 수 있는 것처럼 인생길에서 잠시 발생한 사고 같은 것이다. 뒤처리도 해본 적 없고, 앞으로 어떻게 살아야 할지 캄캄하기만 했다. 그저 살아 있음에 감사하고, 상처받은 몸과 마음을 추스르고 하루빨리 일상으로 돌아가기만을 바랐다. 그리고 같은 실수를 다시 반복하지 않게 조심하기로 했다.

점심 메뉴를 고르는 것처럼, 우리는 아무리 작은 것이라도 좋은 선택을 하기 위해 매 순간 고민과 선택을 반복하며 살아내고 있다. 한 부모가 되니 더욱 신중해진다.

선택에 관한 중압감과 틀렸을지 모른다는 불안감

을 안고 그렇게 산다. 즐기기는커녕 현재에 집중하기 어렵다. 그저 앞날의 걱정들로 과거를 돌아보거나 나 자신을 돌볼 시간조차 사치처럼 느껴진다. 그래도 적응하면서 완벽한 선택이라는 욕심을 내려놓게 되었다. 우리는 우리가 한 선택을 믿어보기로 했다. 원하지도 않았고 아무런 준비 없이 한 부모가 되었지만, 잘 살아가 보자고 마음먹은 순간들이 있다.

글쓰기를 함께한 작가들은 어느 날 갑자기 사고처럼 한 부모가 되었고, 아이를 키우기로 마음먹었다. 많이 불편하고 서툴지만, 아이와 함께 최선을 다해 행복해지려고 노력하고 있다. 비록 그 과정은 잘 닦인 찬란한 꽃길은 아니지만, 바위틈 사이에 피어난 들꽃을 발견할 줄 아는 눈을 갖게 되었고, 사소한 친절에도 감동할 수 있는 심장을 얻게 되었다.

남들보다 조금 더 버라이어티한 인생 여행을 하고 있는 우리들. 찬란한 여름날을 지나 차갑고 시린 겨울을 거쳐 가고 있는지도 모른다. 하지만 우린 봄이 꼭 온다는 걸 알기에 지금 이 순간을 견딜 수 있고, 작은 행복에 웃을 수 있다. 평범한 일상조차도 버겁고, 가까운 지인의 시선마저 두려워 숨기만 했던 지난 시간에, 이제서야 정말 안녕을 말할 수 있는 여유를 갖게 된 것 같다. 우리는 더 행복해지기 위해 헤어짐을 선택하거나 받아들이기로 마음먹었으니까.

글을 쓰면서 지난날의 나를 돌아볼 수 있었고, 현재와 앞으로의 날들을 성의 있게 살아가기 위한 진실함을 얻을 수 있었다. 글 쓰는 시간을 함께하며 위로다운 위로는 괜찮은 사람에게 받아야 한다는 걸 깨달았다. 그렇게 더 나아가 바로 우리가 그런 위로를 할 수 있는 조금 더 다정하고 친절한 어른이 되고 싶다는 바람을 갖게 되었다.

다섯 명의 작가는 서로 다른 각자의 사정과 이유로 한 부모가 되었다. 그날의 충격을 딛고 꿋꿋하게 살아낸 삶의 이야기는 저마다 짙은 향기를 품고 있다.

당시의 선명한 고통과 받아들이기까지의 갈등, 그럼에도 불구하고 곁에서 지켜주었던 사람들과 극복해가는 자신을 껴안고 작가들도 조금씩 성장해 간다. 그렇게 자신만의 방식으로 스스로를 치유하고, 나아가 타인에게 따스한 시선으로 위로를 건네려는 용기까지 얻게 되었다. 그래서 당당하게 자신이 한 부모라는 것을 밝히고 나아가려는 메시지를 담았다.

그래서 이 책이 많은 사람에게 읽히기를 바라게 되었다. 우리처럼 누군가도 이 책을 통해 느끼는 것들이 있기를 소망한다. 하루하루 살아내는 것조차 사치로만 느껴졌던 '나'를 들여다보고, 나의 '과거'를 온전히 마주하길 바란다. 잘 봉합된 것 같았던 아픔이 다시 올라와 괴롭힐지 모른다. 하지만 우리의 이야기가 대신해서 말해주길 바란다. 당신은 잘 선택했고, 손 쓸 수 없이 일어난 이별도 잘 받아들였고, 잘 살아오고 있다는 말을 따스하게 전해주고 싶다.

그리고 한 부모가 아닌 누군가에게도 꼭 하고 싶은 이야기가 있다. 매 순간이 짧다. 더 사랑하고 아끼고 표현해야 할 지금이 이 순간에도 스쳐 지나간다.

인생을 잘 살아간다는 건 이런 게 아닐까?
현재를 사는 것.
햇살과 바람 냄새에서 떠올릴 수 있는 기억이 있다는 것.
지금은 함께하지 않아도 추억을 함께 나누었던 그들도 행복하길 진심으로 바라는 것.
누군가의 다정함을 보며 나도 그래야겠다 마음먹을 수 있는 것.
좋은 어른이 되고 싶다는 욕심이 생기는 것.

차 례

추천사	6
프롤로그	8

아내의 암, 내일 사랑한다고 말하면 늦을지도 모릅니다

My Story 1 제대로 인사도 못한 이별	19
My Story 2 누구 탓도 아니라면서	27
My Story 3 괜찮습니다, 미안해하지 마세요	40
My Story 4 내 곁에 그대가 있기에	47
My Story 5 지금이 미루지 않고 사랑할 때	59

김남중

미혼모의 삶, 당연히 내 아이니까 책임졌을 뿐입니다

My Story 1 22살 임신 5주, 아니요! 저 낳을 건데요!!	**69**
My Story 2 돈이 없는데 어떻게 병원에 가요?	**75**
My Story 3 나는 잘못한 게 아니고, 책임을 졌을 뿐입니다	**86**
My Story 4 미혼모 활동가로 세상에 나서다	**93**
My Story 5 혼자가 아닌 우리가 되는 세상	**100**

안소희

사남매와 홀로, 힘든 일도 감사하는 마음으로 여기까지 왔습니다

My Story 1 어느 날 갑자기 이별 통보, 네 남매를 키워야 했다	**107**
My Story 2 남편의 부재, 나는 가장이 되었다	**113**
My Story 3 그럴 거면 살림이나 하지	**124**
My Story 4 아빠 없는 아이여도 잘 클 수 있습니다	**133**
My Story 5 말하지 않아도 이해받는 세상	**141**

김태영

버려짐의 늪,
나에게 답이 있었습니다

My Story 1 버려짐의 늪에서 빠져나오기로 했습니다 **149**
My Story 2 아이를 위해, 아이를 홀로 두고 출근했습니다 **158**
My Story 3 왜 아이를 방치하세요 **165**
My Story 4 상담, 새로운 나를 만나다 **173**
My Story 5 아픔이 약점이 되지 않는 세상 **182**

강은영

그의 불치병, 우리는
더 행복해지기 위해 헤어졌습니다

My Story 1 가정법원 등기가 도착했습니다	**191**
My Story 2 제가 세대주입니다	**199**
My Story 3 남편은 뭐 하세요?	**210**
My Story 4 나와 가장 친한 친구는 바로, 나였습니다	**214**
My Story 5 우리는 더 행복하기 위해 헤어집니다	**224**

백시하

에필로그	**234**
부록	**241**

아내의 암,
내일 사랑한다고 말하면
늦을지도 모릅니다

김남중

My Story 1

제대로 인사도 못한 이별

짧은 가을의 끝과 겨울의 시작이 겹칠 때쯤, 오후 하늘은 유난히 오렌지빛을 띠고 있었다. 아픈 아내 옆을 오래 지키지 못하고 두 돌도 안 된 아들을 챙기러 급하게 집으로 돌아가는 길에도, 불안한 마음을 감추지 못해 잠깐 바람 쐬러 밖으로 나올 때도, 11월 오후 하늘은 항상 오렌지빛이었다. 어두웠던 내 마음과 다른, 은은한 주황빛 하늘을 바라보며 조금씩 아내와의 이별을 준비하고 있었다. 그해 겨울, 해를 넘기지 못하고 아내는 세상을 떠났다.

아내가 하늘로 간 후, 두 번의 겨울을 더 맞았다. 매년 겨울의 문턱, 해가 질 무렵 하늘은 어김없이 오렌지빛이다. 그 하늘을 보면 아내와 함께 보냈던 마지막 시절이 떠오른다. 퍽퍽했던 그때를 굳이 끄집어내 생각하는 이유는 그래도 손을 잡고, 입을 맞출 수 있는 사랑하는 이가 옆에 있었기 때문은 아닐까.

아들이 돌도 안 됐을 때 아내는 유방암 진단을 받았다. 간단한 맘모톰 수술 경험이 있었기에 이번에도 큰일이 아닐 거라 믿었다. 예상은 보기 좋게 빗나갔다. 가슴에 만져지는 게 암이라며 아내는 펑펑 울었다. 눈물에는 두려움과 허망함, 미안함 등 많은 것이 뒤엉켜 있었다. 무섭고 초조하긴 나도 마찬가지였다. 10개월 된 아들을 사이에 두고 아내가 가진 병을, 말로만 듣던 암을 이야기하며 괜찮을 부부가 세상 어디에 있을까. 아내를 어떻게 위로해 줘야 할지, 뭐부터 해야 할지 전혀 알지 못했다.

그래도 아내는 금방 다시 기운을 차리고 잘 이겨낼 수 있을 거란 희망과 의지를 키워 나가기 시작했다. 늘 야무지고 똑 부러졌던 아내다웠다. 그런 모습을 보고 믿으며, 희망을 품었다. 손써보지도 못할 정도로 무서운 병이 아니라고 했다. 특히 유방암을 극복하고 건강하게 지내는 사람들을 주위에서 많이 볼 수 있었기에, 아내 또한 그럴 거라고 철석같이 믿었다. 의사가 말했던 1년 정도의 치료가 끝나고 나면 그 뒤엔 행복한 날들이 기다리고 있을 것만 같았다.

아내는 6개월 정도 항암 치료를 받았다. 총 여덟 번의 항암 치료. 그때마다 아내는 힘들어했고, 나는 지켜보면서 해줄 수 있는 게 없어서 속만 타들어 갔다. 그간의 항암 치료가 아무 효과가 없었다는 걸 알았을 때 참 많이 울었다. 처음 암 진단 소식을 들었을 때보다 더 많이 울었다. 고통스러워하면서도 꿋꿋이 치료받던 아내의 노력이 물거품이 되었다는 게 허망했고, 아내가 가진 병이 내가 생각했던 것보다 더 지독했다는 것을 알고 무서웠다.

수술 당일, 난 아들과 함께 집에 머물렀다. 아내는 장모님과 함께 병원에 갔다. 교회도, 절도 안 다니던 우리가 서로 알게 모르게 셀 수 없이 많은 기도를 하며 맞이한 날이었다. 늦은 오후쯤, 생각보다 이른 시간에 아내에게서 전화가 왔다. "나지롱~"하며 인사하는 장난 섞인 목소리였다. 아내는 수술이 무사히 끝났고, 잘 회복하고 있다고 걱정을 덜어주었다. 무엇보다도 아내는 아들과 나를 그리워하며 빨리 집으로 돌아오고 싶어 했다. 나는 잘 이겨내 줘서 고맙다고, 사랑한다고, 보고 싶다고 말했다. 그동안 우리가 겪었던 일이 분명 평범한 일은 아니었다. 힘든 순간도 있었지만, 모든 게 잘 끝나가고 있다고 생각했다.

 절망이 삶을 뒤흔든 건 한순간이었다. 수술 후, 방사선 치료를 위해 아내가 서울에 머물고 있을 때였다. 아내에게서 전화가 걸려 왔다. 휴대전화 너머로 아내의 숨소리만 들어도 가슴이 내려앉는 전화였다. 흔들리는 목소리로 아내가 전한 소식은 암이 뇌로 전이됐다는 것이었다. 지금도 그 순간이 떠오르면 아프다. 무엇보다 온갖 감정을 속으로 다 삼키고 그 말을 입 밖으로 꺼냈을 아내의 마음을 생각하면 더더욱 아리다. 그 여린 마음과 작은 몸으로 어떻게 그 거대한 공포와 좌절감에 맞서며 순간순간을 버텼을까. 그때의 아내를 생각하면 아직도 숨이 멎을 만큼 아프다.

 다음 날 급하게 서울의 병원으로 갔다. 아내가 반년 넘게 다녔던 병원을 간 적은 그때가 처음이었다. 아내는 내가 아들 곁에 있길 바랐다. 병원은 친정 식구들과 다녔다. 같이 병원을 가주지 못한 걸 미안해할 때면 늘 대수롭지 않게 괜찮다고 했다. 자기는 내가 아들이랑 잘 있어 주는 게 더 고맙다고, 지금의 우리는 이렇게 하는 게 맞다고 확신에 차서 말했다. 아내의 몸 이곳저곳에 암이 퍼지고 나서야 병원에 갔다는 미안함은 아직도 날 괴롭힌다.

 아내는 생각보다 덤덤하게 날 맞이해 주었다. 고요

한 밤, 산책 겸 병원을 걸으며 이곳저곳 안내해 주던 아내가 떠오른다. 어디서 진료를 받았고, 어디서 항암 주사를 맞았는지. 수술실은 몇 층이었고, 식당은 어디에 있는지. 둘이 손을 잡고 걷던 그때, 아내는 아픈 사람이 아닌 것 같았다. 그 순간이 영원하길 바랐다. 또 한편으론 평생 그렇게 아내가 내 옆에 있을 줄 알았다.

아내의 상태는 예상했던 것보다 훨씬 안 좋았다. 뇌뿐만 아니라 간, 폐, 뼈까지 암이 전이됐다고 했다. 의사는 이렇게 빠르게 전이되는 경우가 드물긴 하지만 아예 없는 케이스도 아니라고 덧붙였다. 혼자 의사를 쫓아가 조심스레 남은 시간을 묻자, 돌아오는 대답은 6개월이었다. 그 말을 믿을 수 없었다. 또 그 말을 누구에게도 전하지 않았다. 일어나서도 안 되고, 일어나지도 않을 일을 굳이 알릴 필요가 없다고 생각했다. 나중에야 의사의 말대로 아내와 함께할 시간이 6개월이었다면 얼마나 좋았을까 생각했던 적이 많다. 아내는 한 달 뒤에 하늘로 갔다.

마지막까지 아내는 삶의 의지가 강했고, 씩씩했다. 어떻게든 다시 일어나겠다는 아내에게 나는 늘 믿음을 보냈고, 옆에서 희망적인 이야기를 많이 해주었다. 나중에야 알게 된 사실인데, 아내의 장례식장에서 만난 아내의 친한 친구 말로는 아내가 사실은 두려워하고 있었단다. 자신에게만 조용히 속마음을 털어놓은 적이 있었다고 말이다. 내가 걱정할까 봐 내 앞에선 늘 씩씩한 모습만 보였던 아내였다. 이 사실을 알게 된 후, 한 번쯤은 속 시원하게 둘이 안고 펑펑 울어보지 못했던 게 후회로 남았다.

너도 무섭냐고, 사실은 나도 엄청 무섭다고. 죽지 말라고, 너 없이 아들과 둘이 어떻게 살아야 할지 모르겠다고. 속마음을 고스란히 털어놓고 아내 앞에서 하염없이 눈물을 흘려봤다면. 나와 결혼해 줘서 고맙고 그래서 행복했다고, 평생을 그리워하면서 살겠다는 마지막 인사라도 제대로 해봤다면. 뒤늦게서야 이런 아쉬움이 스며든다.

사랑하는 이를 떠나보내는데 정답이 어디 있겠는가. 단지, 우린 어떻게 이별해야 하는지 몰랐다. 모를 만도 하다. 당시 나와 아내가 서른여섯, 서른일곱이었다. 삶을 정리하는 방법은 물론, 삶을 정리해야 하는 배우자 곁을 어떻게 지켜야 할지 알기엔 어렸고 일렀다. 그래도 그때는 최선을 다했다. 그럼에도, 상실감이 큰 만큼 지난 시간에 대한 아쉬움이 짙게 남아 있다.

병원을 가까운 대학병원으로 옮겼다. 마지막은 호

스피스 병실이었고, 아내가 자는 시간은 늘어갔다. 하루는 아들을 데리고 병원에 찾아갔다. 한 번이라도 더 아내와 아들이 서로의 눈을 바라볼 수 있게 해주고 싶었던, 진짜 마지막을 준비하던 시기였다. 잠깐 아들 얼굴을 보고는 너무 힘들다며 아내는 다시 잠들었다. 그날 늦은 오후, 혼자 한 번 더 병원에 갔다. 여전히 잠들어 있던 아내 귓가에 조용히 약속했다.

"아들 걱정하지 마. 내가 누구보다도 잘 키울게. 나한테 미안해하지도 말고. 너무 힘들면 이제 쉬어. 쉬고 싶으면 푹 쉬어. 사랑해."

말이 끝나자 아내의 눈꺼풀이 움찔거렸다. 눈을 채 뜨지도 못하고 눈꺼풀만 살짝 움직이는데도 버거워 보였다. 아내는 한 글자도 놓치지 않고 다 듣고 있었고, 또 대답하고 있었다. 그날 밤 아내는 하늘의 별이 되었다. 자신보다 사랑했던 아들의 얼굴을 눈에 담고, 남편의 약속을 가슴 깊이 새기고, 아들과 남편을 지키는 별이 되어 하늘로 갔다. 내게 그해 겨울은 무척 시렸다.

죽음과 이별은 추상적이지 않다. 오히려 매 순간 오감으로 느낄 수 있을 만큼 구체적이다. 아내의 빈자리가 한눈에 보였고, 엄마를 찾는 아들의 목소리가 귓

가에 선명했다. 내 뺨을 타고 흐르는 눈물이 고스란히 느껴졌다. 처음엔 아내가 곁에 없음을 온몸으로 받아내기가 버거웠다. 이젠 시간이 흘러 상처가 조금씩 아물었고, 슬픔을 받아내는 마음의 근육도 단단해져 예전보다는 나아졌다. 그렇지만 앞으로도 오랜 시간 동안 아내가 만들어줬던 수많은 추억과 매일매일 쌓여가는 전하지 못한 말들이 그리움과 슬픔이 되어 문득문득 내 눈에 보이고, 귓가를 맴돌고, 손끝에 느껴질 거란 걸 잘 알고 있다.

"장미야."

사무치게 아내가 그리울 때면 소리 내서 아내의 이름을 불렀다. 매번 돌아오는 건 아내의 대답이 아닌 나의 눈물이었다. 눈물보다 아내의 목소리가 백배 천배 따스하기에 단 한 번이라도 아내의 짧은 대답이 들리길 바라기도 한다. 그러나 그럴 수 없다는 걸 누구보다 잘 안다. 때론 세상은 너무나도 터무니없고, 어떤 면에서 운명은 지나치리만큼 잔인하다.

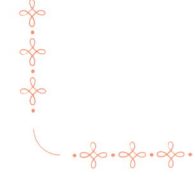

My Story 2

누구 탓도 아니라면서

아내의 장례식이 끝나고 바로 다음 날 아침, 아내의 직장 관리자님에게서 전화가 왔다.

"혹시 오늘까지 장미 씨 사망진단서 제출 가능할까요?"

그녀는 이런 부탁을 해서 죄송하다고 몇 번이나 이야기했다. 미안함과 난처함이 느껴지는 목소리였다. 아내가 눈을 감은 뒤 퇴원이라는 표현이 맞나 싶은 퇴원을 하려던 참이었다. 원무과 직원은 정신이 없던 내게 사망진단서는 여유 있게 챙겨가라고 알려줬다. 여기저기 필요할 때가 많을 거라고 말이다. 장례식장에서 한 장, 화장터에서 한 장을 썼고, 장례가 끝나자마자 또 한 장을 써야 했다. 늦은 밤에도 날 챙겨주던 그

직원에 대한 고마움이 잠시 스쳤다.

관리자님께는 알겠다고 대답했다. '어제 장례가 끝났는데 굳이 이래야 하나'라는 원망이나 섭섭함은 없었다. 아내가 일하던 곳에선 직원이 사망하면 5일 안에 행정 처리가 돼야 한다고 했다. 그녀는 그저 해야 할 일을 한 것뿐이었다.

하지만 전화가 끊기고 나서 뒤숭숭한 마음은 어쩔 수 없었다. 잠깐의 통화가 마치 알림 소리처럼 들렸다. '그동안 많이 울었지, 그런데 이제 힘들어도 어쩔 수 없어. 어서 일어나!' 그 알림 소리가 이렇게 들렸다. 이젠 흐르는 눈물을 닦고 다소 건조할지 모를 현실로 돌아가야 할 시간이었다.

아내가 남기고 간 것을 정리하는 건 당연히 나의 몫이었다. 어려운 일이었다. 작은 물건 하나하나에 묻어 있는 추억을 볼 때면 어느새 하염없이 울고 있었다. 필요할지 모를 것들을 잘 골라내는 현명함, 그리고 정리할 건 정리하는 과감함이 필요했다. 말만 이렇게 하지 여전히 다 꺼내지 못하고 그대로 둔 짐이 수두룩하다.

은행이나 증권사에 들러 아내의 계좌를 정리하는 것도 할 일 중 하나였다. 안 쓰는 계좌는 시간이 지나면 저절로 없어진다는데 난 깔끔하게 정리하고 싶었다. 당시에는 원래 살던 곳에서 멀리 떨어진 부모님 집에서 지내고 있었다. 그런데도 아내와 함께 살던 동네 은행을 굳이 찾아갔다. 이유는 아내가 심한 길치였기 때문이다. 아내는 내비게이션을 켜지 않으면 매일 가는 길도 헤매는 사람이었다. 어느 애니메이션에서처럼, 영혼이 된 아내가 자신이 남기고 간 것들을 찾아 여기저기 돌아다니는 모습을 상상해 보았다. 그래서 아내와 관련된 건 혼자서도 쉽게 찾아갈 수 있는 장소에 남겨둔 채로 정리를 해야 할 것만 같았다. 안 그러면 목적지를 찾아가지도 못하고 내내 헤매고 있을 테니까. 이게 차로 20~30분은 더 가야 하는 은행들을 찾아다닌 이유였다. 허무맹랑한 상상인 걸 잘 안다. 하지만 그런 상상이 때론 날 달래주기도 했다.

　하나씩 하나씩 지워간다는 아픔이 더해져 잔뜩 감정적인 상태에서 은행에 도착했는데, 막상 그곳에서 만난 직원들은 나와 많이 달랐다. 그들은 현실적이었고 이성적이었다. 모두가 약속이라도 한 듯 필요한 서류는 준비됐는지 물었고, 형광펜으로 밑줄 친 부분을 작성해 달라고 했다. 모든 게 처리되면 문자로 갈 거라고 안내했다. 늘 은행에 가면 듣는 말이었다. 하지만 그런 장면을 마주할 때마다 차분하고 평온한 그들이 낯설기만 했다.

그들이 불편하게 했다는 뜻은 전혀 아니다. 다들 친절했고 매너가 넘쳤다. 단지 목구멍까지 차오르는 울음을 꾸역꾸역 참고 있는 나와는 너무 다른, 아무렇지 않게 늘 하는 일을 척척 하고 있는 그들에게 묘한 괴리감을 느꼈을 뿐이다.

장례식은 떠난 이를 추모하는 자리지만, 또 남은 이들을 위한 이벤트이기도 했다. 아내의 장례식은 그녀를 떠나보낸 나를 위한 축제였다. 부고 소식을 들은 이들은 한달음에 달려와 날 안아줬다. 모두가 함께 울어줬고, 위로와 격려를 멈추지 않았다. 슬픔은 잠시 접어두고 다 같이 웃는 일도 많았다. 사흘 동안 많은 사람들이 그녀 대신 그 자리를 채워주었다. 마치 콘서트장의 연예인처럼, 우승 트로피를 든 스포츠 스타처럼, 장례를 치르는 동안 모두의 관심과 스포트라이트를 받는 나만을 위한 시간이었다. 하지만 이제 위로의 시간은 끝났다. 다들 제자리로 돌아갔고, 다시 평범한 날들에 익숙해져야 했다.

수많은 은행, 증권사, 보험사, 통신사, 연금공단 등을 통틀어 "삼가 고인의 명복을 빕니다"라며 위로를 건넸던 직원은 두 명뿐이었다. 아무렇지도 않은 남들을 보며 서운해할 필요도, 잘못된 것도 없다고 매번 되뇌었다. 하지만 이렇게도 생생하게 기억하는 걸 보면, 솔직히 그때는 내 마음도 헤아리지 못하고 잘만 돌아가는 세상이 퍽 야속했나 보다.

    사망신고를 할 때 아내를 친동생처럼 아끼던 대학원 동기 S 씨가 함께해 주었다. 사망신고를 하러 왔다고 하니, 내 맞은편에 앉아 있던 여직원이 자리에서 일어나 누군가를 찾았다.

    "○○씨, 여기 와서 사망신고 처리 한 번 해보세요."

    이어서 그 공간의 모든 게 낯설어 보이는 한 남자가 다가왔다. 남자가 컴퓨터 앞에 앉았고, 일어선 여자는 그의 뒤에서 허리를 숙인 채 모니터에 손가락을 가리키며 뭔가를 알려줬다. 신입 직원이 일을 배우고 있었던 듯했다. 시간이 좀 걸리겠구나 싶어 뒤를 돌아보다 S 씨와 눈이 마주쳤다. S 씨는 멋쩍은 듯 날 향해 웃고는 내 어깨에 손을 올리고 토닥였다.

    나는 담당 직원과 얇디얇은 투명 가림막 하나를 사이에 두고 앉아 있었다. 한 사람의 죽음이 가림막 하나를 두고 한쪽에선 지금껏 겪어보지 못한 커다란 상실감과 아픔이 되었고, 다른 한쪽에서는 앞으로 몇 번이고 해야 할 업무가 되었다.

    세상은 슬픔을 한없이 달래주고 기다려 줄 만큼 한

가하지 않았다. 남은 사람의 속이야 어떻든 잘만 돌아간다. 알고는 있었지만, 인생에서 더없이 큰 존재가 옆을 비웠는데도 예외가 없다는 게 너무하다 싶었다. 삶은 그리도 차갑지만, 다시 적응해야만 했다.

현실에 밀려 해야만 했던 큰일 중 하나는 이사였다. 정든 집을 팔기가 매우 힘들었다. 하지만 갑작스러운 큰 변화 앞에선 의지할 수 있는 부모님 집 가까이로 이사를 가는 게 현실적으로 옳은 방법이었다.

집을 내놓고 몇 개월 후 집이 팔렸다. 계약을 위해 부동산 사무실에 들렀을 때, 사장님이 할 얘기가 있다며 밖으로 불렀다. 무슨 일인가 하고 나갔더니 전혀 생각하지 못한 질문을 해서 매우 당황스러웠다.

"집에 여자 짐이 하나도 없네요? 혹시 나쁜 일 있었던 건 아니죠?"

우리 가족이 살던 집은 옥탑방과 옥상 테라스가 있는 아파트 꼭대기 층이었다. 우리는 그 집을 무척 좋아했다. 부엌과 드레스룸 창 너머로 작은 공원이 보였는데, 크기는 작지만 봄이면 공원을 빙 둘러 벚꽃이 흐드러지게 피어 나름대로 인기 있는 장소였다. 덕분에 우린 멀리 가지 않고도 벚꽃 구경을 실컷 할 수 있었다.

아들이 크면 옥탑방엔 아지트 공간도 꾸미고, 테라스에서 줄넘기도 하고 작은 풀장도 만들어주려 했다.

장례식이나 아내의 짐 정리, 사망신고 등 견디기 힘든 순간순간이 많이 있었지만, 이상하리만큼 그 집 정리가 심적으로 가장 힘들었다. 아내와 함께한 시간이 가장 많이 녹아 있기 때문이었을 것이다. 매매계약서를 쓴 날도, 이사 전날도, 아내의 빈자리만큼 더 넓어진 그 집에서 혼자 펑펑 울었다. 이사를 앞두고 집 곳곳을 사진으로 찍었다. 우리의 5년이란 시간이 고스란히 담긴 그 공간은, 이제는 사진 몇 장으로 남아 있다.

아내가 떠난 겨울에 아내 짐을 대부분 정리했다. 남겨둔 것들도 조금씩 정리하거나 아내 물건을 모아둔 상자에 보관하였다. 자연스레 집에 여자 물건은 보이지 않게 되었다. 집을 보러 몇 번 왔던 사장님 눈에는 그게 보였나 보다.

"지금은 유학을 가서 집에 아내 짐이 없어요."

"다행이네. 남편분 인상이 좋아서, 난 분명 여자 쪽에서 무슨 잘못을 했을 거라고 생각하고 있었는데."

사장님이 말한 '나쁜 일'은 이혼이었나 보다. 사장님의 질문에 난 거짓말로 답했다. 아내에 관한 질문에 처음 거짓말을 한 것도 아니었다. 또, 그 후로도 거짓

장례식이나

아내의 짐 정리, 사망신고 등

견디기 힘든 순간순간이

많이 있었지만,

이상하리만큼 그 집 정리가

심적으로 가장 힘들었다.

아내와 함께한 시간이

가장 많이 녹아 있기

때문이었을 것이다.

매매계약서를 쓴 날도,

이사 전날도,

아내의 빈자리만큼

더 넓어진 그 집에서

혼자 펑펑 울었다.

말은 이어졌다.

옆집 아주머니가 아내를 찾을 땐, 늘 친정에 갔다고 했다. 이사할 집 화장실을 수리하려고 벽타일을 고르러 갔을 때 사모님은 왜 같이 안 왔냐는 질문엔, 아내가 다른 지역에서 일하는 주말 부부라고 했다. 어쩌다 마주친 예전에 같이 일했던 분이 부인은 무슨 일 하냐고 물었을 땐, 대학원에서 공부하다가 지금은 육아에 집중하고 있다고 했다. 둘러대기도 지쳤는지 한때는 아무렇지 않게 타인의 배우자나 가족에 대해 질문하는 사람들이 무례하게 느껴지기도 했다.

거짓말하는 내 속마음을 가만히 들여다봤다. '모르는 사람에게 굳이 내 사연을 말할 필요 없잖아, 궁상맞게 갑자기 눈물이라도 나면 어쩌려고.' 그럭저럭 이해할 만한 이유를 늘어놓지만, 더 깊이 들어가 보면 사실 두려워하고, 무서워하고 있다. 현실을 아무렇지 않게 바라볼 용기가 없다. 무엇보다 남들이 날 불쌍하단 눈으로 볼까 봐 무섭다. 그래서 당장 마음 편한 도망을 택했고, 도망치는 방법은 거짓말이었다.

아내가 떠난 지 얼마 되지 않았을 때, 집안 어른 한 분이 "내 생각엔 의사가 돌팔이인 것 같다" 하셨다. 조카 걱정에 하시는 말씀이었겠지만 도움도 되지 않을 뿐더러, 크게 마음에 두지 않는 게 나을 말이었다. 대답을 미루고 속으로 다짐했다. 아내의 죽음에 대해 그런 식으로 누군가를 절대 탓하지 않겠다고.

우리의 이별은 아내를 치료했던 교수 탓이 아니었다. 그렇다고 아내를 지키지 못한 내 탓도 아니고, 아내가 잘못 살아온 탓은 더더욱 아니다. 시간이 지나며 낮과 밤이 교차하고, 날이 가면 달이 차올랐다 다시 이지러지는 것처럼 세상에 많이 있는, 그냥 원래 그런 일 중 하나일 뿐이라고 몇 번을 나 자신에게 말해줬다. 원망과 분노로 당장의 슬픔을 덮으려 하지 말자고, 몇 번이고 다짐했다.

시간이 지나고 반복되는 거짓말에 익숙해질 때쯤, 불현듯 그 다짐이 떠올랐다. 누구의 탓도 아니라면서, 누구의 잘못도 아니라면서 거짓말만 하며 도망만 다니는 것이 비겁하게 느껴졌다. 많은 생각이 들었다.

누군가가 가족의 안부를 묻는 게 잘못일까? 내가 모멸감을 느낄 정도로 사람들이 불쌍하다는 눈빛으로 나를 본 적이 있나? 혼자가 된 모습이 비참하게 망가졌나? 모두 아니었다. 스스로 혼자 빠져 있던 극단적인 걱정이었고, 남들의 위선적인 연민이나 비인간적인 무시와 차별을 지금껏 단 한 번도 겪지 않았다. 가만 보니 기분 나쁠 정도로 불쌍하게 바라보고 있던 건 그 누군가도, 이 세상도 아니었고 나 자신이었다.

거짓말을 걷어내고 떳떳하게 현실을 마주하는 일은 지금까지도 쉽지 않다. 하지만, 이제 스스로 중심을 잘 잡아야 한다는 걸 차츰 이해하고 있다. 조금씩이라도 그렇게 해보려 한다. 그래야만 언제고 찾아올지 모를, 삶이 흔들리는 순간을 잘 버텨낼 수 있을 테니까.

첫 만남부터 아내가 곁에 없다는 걸 솔직하게 말했던 유일한 타인은 아들의 어린이집 선생님들이다. 세 분의 선생님이 계셨는데, 아들을 진심으로 예뻐해 주셨다. 매번 학부모 상담 때마다, 한 손에는 휴지를 꼭 쥐고 눈물이 고인 채로 내가 가장 먼저 했던 질문은 엄마의 빈자리 때문에 있을지도 모를 아들의 문제행동이었다. 다행히 아들이 문제없이 잘 지내고 있다고 대답해 주셨다. 거기에 더해 이런저런 좋은 얘길 많이 해주셨다. 걱정하는 것과는 달리 아들이 얼마나 씩씩하게 어린이집 생활을 하는지, 선생님이 지금껏 봐왔던 한부모 가정 아이들의 사례와 더불어 어떤 것을 해주면 좋을지, 엄마가 곁에 없는 아들을 위해 무엇을 더 신경 쓰고 배려해야 하는지 들려주셨다.

상담 때가 아니더라도, 선생님들은 가족사진이 필요한데 어떻게 하면 좋을지 배려 있고 세심하게 물어

봐 주셨다. 동화책이나 역할극에서 엄마 관련 이야기가 나오면 아들이 어떤 표정을 짓는지 여쭤보기도 했고, 걱정과 고민을 나누면서 매번 안도감과 감사함을 느꼈다.

거짓말을 해놓고 상대방이 믿을까 눈치를 살피던 것과 달리 많은 걸 진솔하게 말했던 사람들 앞에서는 속 시원히 울기도 하고, 함께 웃기도 했다.

아들이 어릴 적부터 함께 손을 잡고 걷고 있으면 많은 사람이 다가와 아들인데도 어쩜 이리 속눈썹이 예쁘냐고 칭찬하곤 했다. 그런 사람들에게 감사하다는 말 한마디 기분 좋게 돌려주지 못하고, 혹시라도 "엄마는 어디 가고, 아빠랑만 왔어?"라고 물을까 봐 초조해하던 예전의 내가 문득 떠오른다. 안쓰러운 마음도 들지만, 그렇게 불안해하지 말고 좀 더 환하게 웃고 있어도 괜찮다고 나 자신에게 말해주고 싶다.

My Story 3

괜찮습니다, 미안해하지 마세요

직장에서 쉬는 시간, 커피 한잔하며 수다를 떨고 있을 때였다. 말도 안 되는 내 농담에 같이 대화를 나누던 분이 맞장구를 치셨다.

"진짜 그러다가 사모님한테 등짝 맞아요."

말하고 난 뒤 그분의 눈에 당황스러움이 가득 차 있는 걸 보았다. 말실수라고 생각지도 않았고 그럴 수 있다고 넘겼는데, 아마 그분은 그렇지 않은 모양이었다. 좋은 분이셨다. 이제 막 세 살 된 아들을 어린이집에 보낸 초보 아빠에게 육아에 관한 많은 이야기를 들려주셨다. 콧물이 멈추질 않아 한 달 동안 약을 먹이고 있는 사정과 함께 아이를 잘못 키우고 있다는 한탄 섞인 내 말에도 원래 어린이집에 처음 보내면 다 그렇다며 안심시켜 주셨다. 아내 없이 맞이한 첫 결혼 기념일에 무작정 산 샛노란 프리지어 꽃다발을 창가에 놓아둔 날은, 조심스럽게 다가와 무슨 날이냐며 묻고는 토닥여 주셨다.

퇴근 시간이 되어서야 신경 쓰지 마시라고 먼저 홀홀 털어버리는 모습을 보여야 했다는 후회가 들었다. 그 순간을 잘 대처하지 못했다는 아쉬움은 생각보다 오래 남았다. 며칠 후, 혼자 조용히 운전하는 중에 그 일이 다시 떠올라 눈물이 났다. 그분께 섭섭해서가 아니었다. 등짝을 힘껏 때려줄 아내가 곁에 없다는 이유도 아니었다. 그런 상황에 놓이고도 같은 후회를 해야 하는 현실이 비정하게 느껴졌다.

아내를 보내고 두 달 후, 육아휴직이 끝났다. 직장에 복직해 마주치는 분들이 은근히 내 눈치를 보고 있다는 느낌을 종종 받았다. 아내의 부고 소식이 직장에 알려졌기에 어쩌면 당연한 일이었다. 신기한 건 새로 발령받아 오신 분들도 마찬가지라는 점이었다. 아내가 떠난 후부터 같이 일을 하게 된 분들도 내게 결혼했냐는 평범한 질문조차 하지 않았고, 아들 얘긴 물어도 아내 얘긴 묻지 않았다. 다들 조심스러워하고 있다는 걸 직감적으로 알 수 있었다. 나만 모르는 인수인계라도 받은 것처럼.

직장 동료의 어머님이 돌아가셨을 때의 일이다. 장례식장에 들른 다음 날, 어쩌다 보니 대화는 사랑하는 이를 떠나보내는 것에 관한 이야기로 흘러가고 있었다.

"그래도, 난 자기가 제일 힘들었을 것 같아."

함께 대화하던 B 씨가 가만히 말했다. 그 위로와 격려는 따뜻했다. B 씨는 아내가 떠난 지 한참 후 함께 일한 분이었는데, 따로 개인적인 얘길 한 적이 없었기 때문에 인수인계가 있었다는 직감은 그 후 확신으로 바뀌었다.

시간이 지나고 함께 일하던 관리자가 바뀌었다. 며칠 후, 상의할 일이 있어 그분을 찾아갔다. 편하게 자리에 앉으라던 그는 처음에는 업무 관련 이야기를 하다가, 곧 지역사회 이슈에 관한 얘기와 그 당시 주목받던 연예인 얘길 꺼냈다. 직원들과 가깝게 지내보려고 노력하는 마음이 느껴졌다. 그리고 대화 주제는 자연스럽게 개인적인 이야기들로 넘어갔다.

"애가 아들이라고 그러던데? 아직 어리다고."

"네, 아들 맞습니다. 올해 다섯 살 되었어요."

"그래요. 사모님은 어떤 분이신가?"

"지금은 하늘에서 쉬고 있습니다. 그렇게 된 지는 2년 좀 지났습니다."

대답하기 전 내가 잠깐 머뭇거렸을까? 어쨌든 내 말을 들은 그는 난처함을 감추지 못했다. 자신이 괜히 힘든 얘길 꺼내게 했다며 여러 번 미안하다고 했다. 난 자주 뵐 분이니 당연히 미리 말씀드리는 게 맞다고, 괜찮다고 했고. 주제를 바꿔 다른 얘기를 하다가 대화는 마무리되었다. 하지만 결국 그는 방을 나서는 내게 마지막까지 미안하다며 사과했다.

아내에 대해 처음 듣는 이들이 눈치를 보는 것은 이해가 되면서도 솔직하게 말하면 껄끄럽기도 하다. 단순히 일상적인 대화를 하고 서로를 알아가는 과정에서조차 상대방은 가해자가 되고, 내가 피해자가 되는 듯한 그런 상황이 늘 불편했다.

더 답답한 점은 명쾌한 해결 방법을 아직 모르겠다는 것이다. 안부를 묻고도 미안해했던 이들처럼, 나도 역시 같은 상황에 놓이면 '미안함'이란 감정에 압도돼 횡설수설하고 있을 것만 같다. 미안해하는 사람들 앞에서 매번 그들과 같이 얼어붙어 서로 눈치만 보며 어쩔 줄 몰라 하고만 있었다. 위로하고 위로받는 방법에는 정답도, 정해진 원칙도 없기에 첫 위로를 건네려는 사람들 앞에서 여전히 여러 시행착오를 겪는 중이다.

'점'을 보러 갔었다. 처음 갔을 때는 아내와의 마지

막을 준비할 때였다. 사람들은 간절함이 몰아치면 기도하기도 하고, 의지할 누군가를 찾기도 한다는데, 절박한 나머지 내가 다다른 곳은 전에는 전혀 가본 적 없는 '점집'이라 하는 '신당'이었다. 그는 이미 되돌릴 수 없는 상황이라고 전했다. 무엇과도 비교할 수 없을 큰 아픔이겠지만, 탈 없이 넘어가고 나와 아들이 잘 지낼 수 있을 거라고 위로도 했었다. 점이라는 걸 사람들이 얼마나 믿는지, 객관적인 검증 여부는 중요치 않았다. 듣고 싶은 말들을 듣고 위로를 받았다는 게 중요했다.

  1년이 지난 뒤 그 신당에 한 번 더 찾아갔다. 보살님은 날 기억하고 있었다. 훨씬 가벼워진 분위기 속에서, 보살님은 점 볼 것도 없이 잘 살면서 뭐 하러 왔냐는 말로 인사를 대신했다. 이런저런 얘길 하다 아내에 대해서도 물어봤다.

  "잘 지내요? 제 와이프요."

  "좋은 곳으로 가서 잘 있어. 걱정 안 해도 돼."

  상상조차 하지 못할 어느 세상에서라도 아내가 잘 있다니 다행이었다.

  "저한테 할 말은 없대요?"

  보살님은 나의 질문에 나직하게 대답했다.

  "… 고맙고 미안하다네."

  듣자마자, 왈칵 눈물이 쏟아졌다. 실제로 아내가

옆에 앉아 있고, 아내 말을 고스란히 전해주는 것 같았다. 그렇게 미안해하지 말라고 했는데. 아내가 온몸으로 느낄 육체의 고통은 어찌해 줄 수 없으니, 마음의 아픔만이라도 어떻게든 덜어주고 싶었다. 네 잘못은 없으니 절대 미안해하지 말라고 마지막까지 말했는데, 여전히 미안해하며 가슴 한편에 떨치지 못한 짐을 지고 있을 아내를 생각하니 눈물이 났다. 그녀라면 점쟁이의 말대로 생각했을 거란 상상에 가슴이 미어졌다.

이렇게 아내도 미안해할 게 뻔한데, 난데없이 사연을 알게 된 타인은 오죽할까? 사실 눈치를 살핀다는 건 그만큼 좋은 사람이라는 뜻이기도 하다. 다만, 너무 미안해하지 않았으면 한다. 사과받을 일을 그들이 한 것도 아니니까.

어렸을 적, 넘어지거나 다쳤을 때 기억이 난다. 분명 아픔을 꾹꾹 잘 참고 있었는데 누군가가 달려와 괜찮냐고 몇 번 물어보면 슬금슬금 감정이 차오르더니 또르르 눈물이 흘렀다. 괜찮은 척 꾹꾹 눌러 담고 살다가 한 번씩 아내의 안부를 묻는 인사에 이내 차오르는 슬픔 때문인지, 반복되는 상대방의 미안함이 도리어 묘하게 불안해졌다. 거듭되는 사과와 퍽퍽한 분위기

는 빨리 해결책을 찾아보라며 나에게 초조함과 부담감을 안겼다.

    가만 생각해 보면 혼자 남은 배우자가 견뎌야 할 몫일지도 모르겠다. 언제부턴가 눈물이 덜 흐르는 것처럼, 지금 당장은 어찌해야 할지 또렷하지는 않지만, 시간이 지나고 나면 이 또한 의연하게 대처할 수 있을 거라 믿어본다. 언젠가는 좀 더 단단한 내가 되어 있길 바란다.

My Story 4

내 곁에 그대가 있기에

아내와 누구보다 가까웠던 정이 누나, 원이 누나와 인연을 맺게 된 시작은 손 편지였다. 원이 누나가 보낸 부의 봉투는 유난히 두꺼웠는데, 그 안에는 아내를 위해 직접 쓴 편지가 들어 있었다. 정갈한 글씨가 한눈에 들어오는 정성이 가득 담긴 편지였다. '보고 싶은 장미에게'라며 담담하게 아내를 부르며 시작되는 편지에는 그리움과 고마움, 이별의 아픔이 다 녹아 있었다. 아내가 이렇게 사랑받는 사람이었다는 게 자랑스러웠고, 한편으론 그런 사람이 너무 일찍 떠난다는 게 원망스러웠다. 많은 감정이 지나쳤지만, 그 편지 한 통은 조문객들이 빠져나간 깜깜한 장례식장을 순식간에 환히 밝혀주었다.

"편지 정말 고맙습니다. 시간 나면 커피라도 한잔 해요."

시간이 흐른 뒤, 원이 누나에게 보낸 감사 인사는 자연스럽게 만남으로 이어졌다. 아내와 두 친구가 함께했던 자리에 아내 대신 내가 나가게 되었다. 그들은 조심스레 안부를 물어왔고, 아들은 잘 지내는지 아내의 마지막 정리는 어떻게 되고 있는지 걱정해 주었다. 하나하나 대답하다가도 당연하다는 듯 처음 만난 둘 앞에서 펑펑 울었다. 그 후로도 서로 꾸준히 연락을 주고받았다. 이름 뒤에 '씨'를 붙이던 호칭은 어느샌가 편하게 이름을 부르고, '누나'라 부르는 사이가 되었다.

누나들 앞에서는 그리운 아내 얘길 많이 꺼냈다. 아내를 더 오래 알았던 그들은 함께 아내 얘길 해주기도 했고, 따뜻한 위로와 응원을 아낌없이 보내기도 했다. 처음 만난 순간부터 혼자서는 가라앉히지 못할 아련한 마음을, 누나들은 옆에 나란히 앉아 함께 달래주고 있었다.

한 번은 누나들을 만나며 생긴 걱정거리를 솔직히 털어놓은 적이 있다.

"어쨌든 누나들은 장미 친구들이니까, 혹시라도 내가 말실수하고, 밉보일 행동을 하면 장미가 욕먹는 게 되는 것 같아서 조심스러운 부분이 있지."

 속 좁은 내 생각과 달리 누나들의 대답은 명쾌했고, 또 감동적이었다.

 "네가 잘못했는데, 왜 장미를 뭐라 해? 너한테 욕하지. 내가 못할 것 같냐?"

 "처음엔 장미 남편으로 만났지만, 이제 너는 그냥 '너'야. 그런 걱정 하지 마."

 누나들의 이런 따뜻함이 늘 좋았다. 아끼던 친구였고, 홀로 남은 친구의 남편을 챙기려는 마음도 있을 것이다. 하지만 이젠 누군가의 남편이 아닌 나라는 존재를 바라보고 응원하고 있다는 누나들의 말이 곱씹을 때마다 좋아서, 집으로 돌아오는 차 안에서 몇 번이나 그 말을 되새겼다. 알고 보니 그 둘은 아내의 선물이었다.

 "역시 우리 아가씨는 달라." 아내가 자주 했던 말이었다. 아내는 유난히 동생을 좋아했다. 심지어는 "진짜, 아가씨 때문에 다 참고 너랑 산다"라는 말도 들어봤다. 세심하게 사람을 잘 챙기는 동생과 작은 배려에도 감사할 줄 알던 아내는 사이가 좋을 수밖에 없었다.

 "여보, 아가씨한테 우리 아들 계절 바뀔 때면 엄마들 사이에서 유행하는 옷이나 신발, 모자 같은 것들 좀 챙겨달라고 전해줘. 내가 부탁한다고."

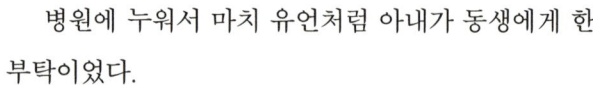

병원에 누워서 마치 유언처럼 아내가 동생에게 한 부탁이었다.

"지금, 내 패션 감각을 못 믿는 거야?"

"어! 드레스룸에 여보 옷들 걸려 있는 거 보면 내 속이 터져."

아내가 마지막을 준비하는 모습이 싫었는지 터무니없던 내 대답에, 다행히도 우리 둘 다 웃으면서 대화를 마쳤다. 그때 아내는 가장 소중한 존재를 위해 가장 믿음직한 존재를 찾고 있었다.

아내의 당부를 동생에게 굳이 말하지 않았다. 정확히 말하면 그럴 필요가 없었다. 아내 말을 전하지 않아도 이미 동생은 차고 넘치게 아들을 사랑해 주고 있기 때문이다. 가까이에 살고 있어서 거의 매일 보는 동생은 누구보다 아들을 잘 챙겼다. 때마다 필요한 영양제며, 계절에 맞는 옷들, 좋아하는 장난감은 이젠 더 사 줄 것도 없어 보이고, 무엇보다 쉬지 않고 안아주고, 손잡아주고, 뽀뽀해 주며 가족의 따뜻함을 진하게 알려주고 있다.

아들의 어린이집 운동회나 소풍이면 당연하다는 듯 연차를 내고, 새벽같이 세상에서 제일 예쁜 도시락을 싸 들고 집으로 왔던 동생. 그런 동생이 고마워 한 번은 도시락값이란 명목으로 용돈을 보냈다가 크게

혼이 났다. 자기가 하고 싶어 한 일인데, 자기 마음을 이렇게 받아들이니 섭섭하다고. 다음부터는 절대 이러지 말라고 날 타박했다. 마냥 어린아이 같기만 하던 시절이 지나고 언제부터 이렇게 큰 존재가 되었을까.

아내를 보내고 고마운 사람이 많아졌다. 하지만 내 가장 든든한 버팀목은 단연 나의 어머니다.
"네 아들 내가 잘 보고 있을 테니까, 걱정하지 말고 나가서 볼 일 있으면 보고 와."
엄마에게 자주 듣는 말이다. 엄마는 '나'로 살아갈 수 있는 시간을 많이 주려고 한다. 이모며, 고모며, 오랜만에 만난 친척들은 엄마를 보고 손자 키우느라 고생이 많다고 한다. 그러면 엄마는, 내 새끼 내가 보는데 뭐가 힘드냐고 아무렇지 않게 대답한다. 그런데 사실 엄마는 손자도 손자지만, 아들인 날 챙기는 것도 쉬지 않는다. 아무렇지 않게 출근을, 외출을, 또 이렇게 글을 쓸 수 있는 건 엄마라는 존재가 떠받쳐주고 있기 때문이란 걸 잘 알고 있다.

아내가 세상을 떠났다는 소식에 엄마는 쓰러졌다 했다. 깨어난 후에는 무너진 당신 마음을 돌볼 새도 없이 장례식장으로 향해 나를 계속 찾았단다. 왜 그리 찾았는지 이제 알 것 같다. 그때 엄마 가슴에는 대못이 박혔다. 그런데 어머니 당신 가슴에 박힌 상처는 아랑곳하지 않고, 아들 가슴에 박혔을 못을 빼내려고 애타게 찾았던 것 같다. 내 어머니는 그렇게 지금껏 3년 가까이 싫은 소리 한번 없이 아들 가슴에 남은 상처를 어루만져 주고 있다.

성과급을 받았다. 엄마에게 용돈을 드리고, 필요한 것을 사시도록 백화점에 모시고 갔다. 천방지축인 아들이 옆에 있으면 차분히 쇼핑을 못 하니, 나와 아들은 아예 다른 층으로 가서 시간을 보냈다. 혼자서 천천히 둘러보라고 말이다. 한 시간 정도 후에 만난 엄마의 손에는 내 속옷과 아들이 좋아하는 반찬이 들려 있었다. 기가 막혔다.

이렇게 내 곁엔 내가 쓰러지지 않게 지켜준 소중한 존재들이 있었다. 그리고 내 어머니께서 아들을 지켜주고 계신 것처럼, 반대로 내가 지켜주고 싶은 존재도 있다. 내 아들이다.

학부모 상담을 하러 어린이집에 찾아갔을 때, 아들 선생님께서 해주신 이야기다. 월요일 아침, 주말에 뭐 했냐는 질문에 한 친구가 엄마 생일 파티를 했다고 대답했다고 한다. 그러자 다섯 살 꼬맹이들이 서로 자기도 엄마 생일 때 노래도 부르고 촛불도 껐다며 한마디씩 하기 바빴다고 한다. 친구들 말을 가만히 듣고 있던 아들은 자기는 엄마가 없어 생일 파티는 못 했지만, 할머니 생일 파티도, 고모 생일 파티도 했다며 소리 높여 이야기했다고 한다.

"우리 가족은 일곱 명이야. 나랑 아빠, 할머니, 할아버지, 고모, 고모부, 사촌 동생. 그래서 생일 파티도 엄청 많이 할 수 있어."

가족이 많다고 아예 자랑까지 보탰다고 한다. 부족한 부분을 억지로 채워보려는 과장된 말투와 표정은 없었다고 했다. 그저 행복해 보이는 표정이었단다. 이어서 아들은 친구들에게 담담하면서도 약간의 자랑이 섞인 말투로, 이렇게 말했다고 한다.

"우리 엄마는 하늘의 별이 되어 날 지켜주고 있어."

아담한 어린이집 교실 안에서, 선생님이 앞에 계시는데도 눈물이 멈추지 않았다. 엄마의 부재가 아들의 어린 마음을 그늘지게 할까 봐 늘 겁났고, 아들이 채우지 못한 무언가로 늘 시린 가슴을 안고 자랄까 두려웠다. 내 걱정과는 다르게 아들이 씩씩하게 자라고 있음을 확인해 마음이 놓였고, 한편으론 대견해서 흐르는 눈물이었다.

며칠이나 기분이 좋았다. 세상 어디에도 아들보다

아름다운 문장을 말할 수 있는 다섯 살 아이는 없을 것 같았다. 그리고 다시 한번 느꼈다. 아들이 잘 자라고 있다는 것이 내겐 전부구나. 네가 행복하면 그걸로 나도 행복하구나.

아들의 행복은 나의 행복이기도 하지만, 좀 더 깊이 들여다보면 아내를 위한 일이기도 했다. 한때는 이런 생각이 아내를 놓아주지 못해 생긴, 자신을 갉아먹는 부질없는 미련인가 싶기도 했다. 하지만 아무리 생각해도 아내와 아들은 서로 떼어낼 수 없는 존재였다.
"내 아들이 엄마 없이…."
"엄마가 없긴 왜 없어, 장미가 네 아들 엄마지. 세상에 엄마 없는 사람이 어딨어."

가까운 이에게 슬픔을 털어놓자 덜컥 가슴으로 들어온 위로였다. 당연한 말이었지만 쉽게 떠올리지 못했던 말, 듣는 순간부터 지금껏 한순간도 지워지지 않았던 말. 왜 아들에게 엄마가 없다고만 생각했을까? 맞다, 내 아들의 엄마는 내 아내다. 부모 자식 관계를 하늘이 맺어준 천륜이라고 하지 않던가. 곁에 있지 않을 뿐 아들의 엄마는 누가 뭐래도 아내였다.

아들이 돌도 되기 전, 아들을 재우고 거실로 나온 아내는 내게 숙제를 줬다.

"여보, 난 우리 아들을 캥거루처럼 평생 품에 안고 키울 것 같아. 할 수만 있다면 헬리콥터라도 사서 졸졸 쫓아다닐걸. 내가 그러고 있으면 여보가 말려, 정신 차리라고."

아들이 잠든 모습이 그렇게 사랑스러웠을까? 지나친 애정이 아들에게 독이 되면 어쩌나 하는 걱정과 반드시 바르게 키우겠단 다짐이 섞인 문장이었지만, 아내가 아들에게 한 번 더 진한 사랑 고백을 하는 것처럼 보였다.

아들 앞에선 한없이 약해지고, 여느 엄마처럼 자신의 모든 걸 내주며 아들을 사랑했던 아내. 그런 아내를 위해서라도 아들을 잘 키워야 한다고 다짐한다. 기꺼이 아빠로서 아내의 남편으로서 품고 있어야 할 도리이자 책임이다.

최근에 이런 이야기를 자주 들었다. 막연한 미래보다는 지금을 즐겨야 한다고. 누구보다 나 자신을 가장 사랑하고 아껴야 한다고. 맞는 말이긴 하지만, 당시의 내게 와닿는 메시지는 아니었다.

가족들에게 아들을 맡겨두고 하고 싶은 일을 하기엔 가족에게도, 아들에게도 미안했다. 아이가 클수록 돈 나갈 곳도 많다고 하니 경제적으로도 대비가 필요했다. 지금 꼭 해야 할 일은 아들 곁에 함께 있고, 우리의 미래를 어느 정도 준비하는 것이었다. 의무감에 짓눌려 억지로 견딘 것은 절대 아니다. 물론 지칠 때도 있었지만, 아들을 위한 시간을 보낼 때가 가장 마음 편했고 안정되었다.

가끔은 아들의 행복이 곧 내 행복이라며 억지로 꿰맞추려는 게 아닐까 하는 생각도 들었다. 하지만 이미 수많은 사람들이 누군가를 위해 살아가고 있지 않은가? 아들을 우선순위에 두고자 했던 나의 지난 시간이 충분히 아름다웠을 거라 확신한다.

아들이 자라면서 자연스레 우리가 함께하는 시간도 줄어들 테다. 품에 폭 안겨 조잘조잘 떠들던 애교는 온데간데없고 건조한 단답형 대화를 이어갈지도 모른다. 마주 앉은 날보다 짧은 통화로 서로의 안부만 묻는 날이 더 많아질지도 모른다. 아들의 세상이 커질수록, 또 그 안을 온갖 것들이 빼곡히 채워갈수록, 아들에게서 아빠의 존재감은 점점 옅어질 수도 있다. 그리고 나 역시 아들이 아닌 다른 것들을 바라보는 시간이 늘어갈지도 모른다. 그때가 오면 난 아들에게 어떤 존재가 되길 바랄까? 지금은 상상조차 할 수 없지만 확실한 건, 지금은 어떤 존재보다 '아빠'로서 빛나고 싶다.

부모가 되면서 온 세상을 가진 것만 같았다. 한 부모가 됐을 때, 그 세상은 무너졌다. 글자 하나 차이로 모든 게 달라진 삶 속에서, 얼마나 많은 눈물을 흘리고 아파했던가.

그래도 그 가슴 먹먹한 날들이 지나면서도 변치 않는 것이 있는데, 한 부모도 결국 부모라는 것이었다. 예나 지금이나 나는 아들의 아빠다. 오히려 한 부모가 되고 마음만큼은 아들을 더 사랑하는 것 같다. 다른 아이들이 엄마 아빠 두 사람에게 받을 사랑을, 나 혼자 다 채워주며 쉴 틈 없이 사랑하고 싶다.

자는 모습조차 반짝이는 아들의 옆에 누워 매일 밤 속삭인다. 너는 나의 태양이고, 너는 나의 봄이고, 너는 나의 우주라고. 그래서 난 태양이 맘껏 달리는 하늘이 되고 싶고, 봄이 더 향긋할 수 있는 꽃이 되고 싶고, 우주가 더 아름다울 수 있는 별이 되고 싶다고.

내가 아들을 바라보듯 따스한 시선으로 바라봐주는 소중한 이들이 많다. 그들의 시선을 별 삼아 잘 사는 모습을 보여주겠다고 또 한 번 마음을 다잡는다. 매일 마주치는 눈빛과 귓가에 남은 목소리는, 마음속 깊이 차곡차곡 쌓여가는 감사를 넘어 오늘을 움직이게 하는 원동력이 된다.

숨 쉬는 것마저 목구멍으로 모래가 넘어오는 것 같은 퍽퍽했던 순간에도 손을 뻗어준 사람이, 일으켜 달라 매달릴 사람이, 또 내가 지켜주고 싶은 사람이 있었기에 오늘도 난 어제보다 더 빛나고 싶다.

My Story 5

지금이 미루지 않고 사랑할 때

문득 아름다운 것과 마주쳤을 때
지금 곁에 있으면 얼마나 좋을까 하고
떠오르는 얼굴이 있다면 그대는
사랑하고 있는 것이다

이문재 시인의 〈농담〉이란 시의 한 구절이다. 이 시를 처음 접했을 때는 아내가 항암치료를 받는 중이었다. 치료와 수술이 끝나면 다시 웃을 날만 있을 거라고 생각하던 때이기도 하다. 아내가 곁에 없다는 생각은 전혀 하지 않았지만, 반복되는 육아와 아내 몸이 안 좋다는 부담감이 나를 지치게 하고 있었던 것 같다. 딱히 두근거릴 일도, 설렐 일도 없는 날들에 지금 행복한

지 사랑하고 있는지 의심을 품고 있었던 걸까. 시를 읽고는 문득 작은 일상이 모두 행복이었고 사랑이었다는 것을 새삼 느꼈다. 여운이 진했는지 시를 몇 번이고 더 읽었다.

몇 발짝 떨어진 방에 있던 아내에게 메시지를 보냈다. 시의 전문을 먼저 보냈고, 뒤에 이렇게 덧붙였다.

"동네에 새로 생긴 샐러드 가게에 여보랑 가보고 싶어. 같이 갈 예쁜 카페도 몇 군데 있고. 연애할 때만큼 두근두근하지 않아도 여전히 난 여보를 사랑하고 있었네. 우리 조금만 더 힘내자, 사랑해."

눈을 보고 말하긴 부끄러워 메시지로 보낸 짧은 고백. 아내도 느닷없는 고백이 싫지 않은 눈치였다. 사랑이, 행복이 뭐 별건가 생각했다. 함께 걷고, 마주 보고 밥을 먹는 것도 사랑이라고 생각했다. 지금도 충분히 사랑하고 있고, 많은 사랑을 받고 있다는 사실에 입꼬리가 올라갔다. 좋은 시를 만나고, 그 시를 아내에게 전해줄 수 있어서 정말 다행이었다.

그렇게 소소한 일상 또한 깊은 사랑이란 걸 알았다. 작은 깨달음을 얻은 후, 아내와 함께한 시간은 전보다 많은 게 더 고마웠고, 자주 웃을 수 있었다. 하지만 아쉽게도 아내가 곁을 떠나고 나서야 알게 된 것도 있었다. 쉬운 줄만 알았던 사랑도 내가 원한다고 언제

나 할 수 있는 게 아니라는 것이었다.

　자식에게 많이 하는 말이 있다. 사랑하는 부모님이 돌아가시고 나면 아무 소용 없다고, 있을 때 잘해야 한다고. 비단 효도하려는 자식에게만 하는 말은 아니다. 운명이란 게 어떻게 될지 아무도 모르니, 사랑하는 존재가 있는 모든 사람에게 하는 말일 테다. 그리고 지금 생각해 보면 나부터 잘 새겨들어야 할 말이기도 했다.

　당연한 말이라 늘 흘려들었는데, 살면서 충분히 기회가 있을 줄 알았는데, 아내가 떠나고 나서야 알았다. 더 이상 마음껏 사랑할 수 없다는 것을.

　곱씹어보면 썩 좋은 남편은 아니었다. 쓸데없는 고집과 자존심이 있어 서로 생각이 다를 때면 아내에게 시원하게 양보한 적이 몇 번 없었다. 게다가 속이 넓지 않은 편이라 늘 섭섭한 게 많다고 징징거렸다. 그런 탓에 이런저런 다툼도 많았다. 싸울 일 없이 잘 산다는 부부가 신기할 따름이었다. 하지만 차가운 분위기는 언제 그랬냐는 듯이 금세 풀렸는데, 지금 생각해 보면 그것도 아내가 많이 물러서 준 덕분이었다.

　"여보, 작년에 논문 쓸 때, 교수님이랑 의견 안 맞았단 얘기하면서 싸웠던 거 기억나?"

　"당연하지! 남편이란 사람이 내 편을 안 들어줘서

얼마나 서운했는데."

"그때 일, 미안해. 갑자기 그때 생각이 났는데, 여보가 많이 서운했겠더라."

이런 식의 대화를 여러 번 했었다. 한참 지나고 나서야 아내에게 진심으로 사과한 일이 많았다. 당시엔 그런 생각이 안 들다가 왜 지나고 나서야 모든 게 너 그러워졌을까? 그때 바로 어떤 말을 하고, 어떻게 행동해야 하는지 알았다면 얼마나 좋았을까?

아내가 치료 중일 때도 서로 생각이 엇갈려, 불편한 기색을 역력히 드러낸 적이 두어 번 있었다. 심술은 부릴 대로 다 부렸고, 지켜보는 아내는 당연히 서운했을 거다. 늘 그랬듯이 몇 년이 지난 지금에야 늦어버린 사과를 하고 싶다.

"앞뒤 상황을 따질 필요도 없이 그때는 내가 그랬으면 안 됐어. 다른 사람은 몰라도 난 여보가 하자는 대로 해줬어야 했는데, 그러지 못해서 미안해."

이렇게 말하고 나면 아내가 웃으며 "알았으니까, 그럼 오늘 저녁 맛있는 거 사줘"라고 말해주면 좋겠는데. 그러면 내 마음이 조금이라도 편해질 것 같은데. 마음 한구석에 박힌 후회를 언제나 빼낼 수 있을까.

못 해준 것만큼이나 가슴에 사무치는 건 좋은 순간

을 같이 나누지 못한다는 것이다. 하루가 멀다 하고 신기하고 맛있는 음식점이 생기고, 예쁜 카페가 여기저기 문을 연다. 아내가 좋아했던 시리즈의 영화 후속편들이 개봉했고, 분명 좋아했을 공연들도 여러 차례 열렸다. 함께 즐기며 살았으면 얼마나 좋았을까?

무엇보다 아쉬운 건 우리 아들이 주는 행복을 아내가 함께 누리지 못한다는 것이다.

"아들, 양배추가 위에 좋대, 많이 먹어야 해."

"위? 그럼 '아래'에는 뭐가 됴아?"

아들의 엉뚱하고 귀여운 대답에 한참을 웃었다. 또래보다 말이 빠르고, 대화 역시 잘 이어가던 아들은 생각지도 못한 웃음과 행복을 많이 줬다. "아빠 힘내세요"라며 그 작고 귀여운 입으로 방긋방긋 웃으며 노래 부르는 모습을 볼 때면 순식간에 눈물이 차올랐다. 이 잔잔한 행복을 느끼며 아내는 얼마나 좋아했을까? 좋아하는 아내를 보며 나는 또 얼마나 더 행복했을까?

유난히 웃음이 많은 아내였다. 보이는 간판에, 들리는 노래 가사에, 나름대로 재치 있는 애드리브가 순간 떠오를 때가 있다. 아내가 듣는다면 분명 웃을 텐데. 하지만 끝내 입 밖으로 내뱉지 못하고 속으로 삼킨다. 텅 빈 가슴으로 말이다.

아내가 떠난 건 피할 수 없는 사고 같은 거였다고 한 친구가 말했다. 우리가 어쩔 수 없는 일도 있으니 자책하지 말라고. 위로의 말과 얼마간의 시간은 나를 차분히 달래주었고, 어느 정도는 받아들일 수 있게 되었다. 어쩔 도리 없는 가혹한 운명이 내게 찾아왔다고 말이다. 그 운명이 때론 비정하지만, 그 안에서 내 삶을 찾아가야 함을 깨닫는다.

그럼에도 여전히 추스르지 못하고 남아 있는 게 있다. 겨우겨우 아내가 곁에 없다는 건 받아들일 수 있겠는데, 지난 시간 잘해주지 못했다는 후회와 행복한 순간에 아내가 곁에 없다는 허전함이 여전히 남은 이의 가슴을 시리게 한다. 언제쯤 괜찮아질 수 있을까?

아내는 감사할 줄 알았고, 누구보다 성실했고, 최선을 다할 줄 알았다. 현명하고 선한 사람이란 표현이 잘 어울리는 사람이었다.

좋은 게 좋은 거지 하며 적당한 요령을 좋아했던 반면에, 늘 성장을 멈추지 않던 아내가 존경스러웠다. 단순히 배우자를 넘어 함께 있는 동안 아내에게 많은 것을 배웠다. 그런 아내는 마지막까지도 내게 큰 가르침을 줬다. 어떻게 사랑해야 하는지를 말이다. 평범한 줄 알았던 모든 순간이 사랑임을 알려줬고, 또 미루지 말고 지금 당장 사랑하라고도 알려줬다.

그 소중한 가르침을 하루하루 살다 보면 또 깜빡한다. 다시 없을 행복의 순간을 또 아무렇지 않게 놓치고 있다. 좀 피곤하다는 이유로 그림을 그려달라는 아들의 응석을 귀찮아하고, 이유 없이 예민해져 어머니에게 날 선 말을 내뱉는다. 아내가 옆에 있었으면 혼이 났을 텐데.

누구를 사랑할지, 언제 사랑할지, 어떻게 사랑할지, 우리가 정할 수 있는 건 아무것도 없다. 잘 알고 있으면서도 어느 순간 긴장의 끈을 놓치면 다 잊어버리고, 마치 언제든 원하는 대로 사랑하고 사랑받을 수 있는 것처럼 행동한다. 또다시 후회하지 말고 꼭 기억하자. 내가 할 수 있는 건, 지금 옆에 있는 사람을 최선을 다해 사랑하는 것뿐이다.

김남중 작가 약력

- 현 초등교사
- 광주교육대학교 졸업
- 한국교원대학교 석사 졸업
- 교사 대상 교과 교원 연수 강사 다수 출강
- EBS 초등 국어과 교재 집필 및 검토 다수 참여

미혼모의 삶, 당연히 내 아이니까 책임졌을 뿐입니다

안소희

My Story 1

22살 임신 5주,
아니요! 저 낳을 건데요!!

"곧이어 드라마 산부인과가 방송됩니다."

"나 임신했어"라는 내 말과 동시에 당시 인기 드라마의 방송 안내가 나오자 우리는 순간 웃음이 빵 터졌다. 그가 웃는 모습을 보고 나와 같은 생각을 하는 줄 알았다.

"내가 임신했다면 어떻게 할 거야?"

"갑자기 왜?"

"나 임신했어."

"… 나는 못 키울 것 같고, 병원도 무서워서 못 갈 것 같아."

아이 친부에게 임신 소식을 알린 시점은 산부인과를 다녀온 바로 그날 저녁이었다. 입이 근질거려서 고민할 것도 없었다. 갑작스러운 임신 소식에 무섭기는 나도 마찬가지였고, 걱정부터 앞섰다. 난생처음 들어보는 쌍각자궁이라서 아이가 자라기 어려운 환경이라는 말을 의사에게 듣고 왔기 때문이었다. 아이의 존재를 알자마자 자연 유산될 확률이 있다는 말까지 듣고 왔으니 덜컥 두려움이 몰려왔던 것도 사실이다.

무책임한 그의 말에 황당했지만 그도 겁이 났을 거라고 생각했다. 그래도 당연히 같이 키우자고 할 줄 알았는데, 그의 대답에 매우 황당했다. 어떻게 고민해 본다는 잠깐의 생각도 없이 마치 남의 일처럼 별일 아닌 듯 말했는지 여전히 이해가 가지 않는다.

그래도 나는 낳고 싶다고 이야기했다. 의견이 맞지 않자 다툼이 있었고, 집을 나선 그는 연락이 되지 않았다. 그러다 술 마시고 나서 문자메시지를 보내왔는데, 내 아이는 맞냐는 둥 나를 비하하는 발언과 함께 헤어질 이유 여러 개가 적혀 있었다. 그는 비겁했다.

아이의 친부는 나와 별반 다를 것 없는 처지로, 스물두 살 동갑에 직장도 없이 아르바이트하러 다니는 사회 초년생 친구였다. 규칙적으로 생리를 하고 있었는데, 한 달을 건너뛰자 혹시나 하는 마음에 임신테스트기로 확인해 보았다. 두려움이 컸지만 그래도 혹시나 하는 기대로 테스트했던 것 같다. 결과는 두 줄. 신기하면서도 '설마 아니겠지?' 하는 생각이 들었다. 다른 약국에서 다른 제품을 사서 다시 테스트해 보았더니 또 두 줄이 나왔다.

그 순간 많은 생각이 스쳐 지나갔다. 아이 친부에게 말할까? 어떤 반응을 보일까? 기대보다 걱정이 밀려왔다. 가족들의 반응이 어떨지 쉽게 상상할 수 없었다. 또 같이 일하는 분들은 어떻게 생각할까. 생각이 꼬리에 꼬리를 물고 있을 때 다시 의사가 입을 열었다.

"안 낳을 거죠?"

"아니요! 낳을 건데요!"

잠깐의 정적도 없이 퉁명스럽게 대답하고 병실을 뛰쳐나왔다.

왜 아이를 낳아야겠다고 생각했냐고? 당연히 내 아이니까. 순서가 중요한 건 아니라 생각했다. 성인이니까 아이 낳고 결혼해도 괜찮다는 생각이었다. 이리저리 고민할 필요 없이 당연한 결정이었다. 다만 아빠 없는 아이로 키울 것인가, 저런 지질한 사람이라도 아이 아빠가 있어야 하는 것인가 결단을 내리기 쉽지 않았을 뿐이었다.

아이 키우는 게 돈만 있으면 다 되는 줄 알았다. 아무것도 없이 시작한 나의 부모님은 농사를 지으며 네 남매를 키우셨고, 그랬기에 수입이 늘 일정치 않았다. 하지만 부모님은 항상 없는 살림에도 딸이 굶을까 노심초사하셨고, "우리 큰딸이 잘되어야 하는데"라며 아낌없이 모든 것을 내어주셨다. 반찬도 매번 챙겨주시고, 여윳돈이 생기면 꼬박꼬박 보내주시곤 했다. 그럼에도 어릴 적부터 돈이라는 것에 얽매여 살다 보니 자연스레 많이 버는 게 목표가 되어버렸다. 그래서 돈을 벌 수 있는 나이가 되자마자 투잡을 시작했다. 낮에는 사무직, 저녁부터 새벽까지 아르바이트. 그렇게 살다 보니 성실하고, 생활력 강한 사람이 되어 있었다. 그래서 나는 아이를 책임질 자신이 있었다.

부모님은 지독한 가난 속에서 네 남매를 키우셨지만, 우리 가족은 같이 있다는 사실 자체로 행복했다. 늘 행복하지는 않았지만 그것만으로 충분했다. 그래서 난 아기를 낳기로 마음먹으면서 다짐한 것들이 있었다. 나의 부모님이 그러셨던 것처럼 말이다.

"너와 나는 무슨 일이 있어도 같이 있을 거야."

"아이에게 부끄러운 일은 하지 말자."

아빠답지 않은 책임감 없는 사람과 함께 살면서 매일 싸우는 것보다는, 나 혼자 키우는 편이 더 나을 것이라고 확신했다.

그래서 찬찬히 나의 삶을 개척하기 위해 열심히 해오던 일들을 모두 내려놓고, 아이를 잘 키울 수 있는 교육의 도시로 아무도 모르게 도망치기로 결심했다. 스스로 고립을 선택한 것이다. 나의 이야기를 누구에게도 발설하면 안 될 것 같았다. 죄를 지은 것도 아닌데 말이다.

쫓기듯 자리를 잡은 동네에도 어김없이 봄은 왔다. 개천을 걸으며 바라본 그 밤의 아카시아꽃이 너무 예뻐, 기억하고자 사진을 찍었다. 어떤 상황이든 잘 해낼 수 있을 것 같았다. 이 순간을 꼭 기억하자. 우울했던 일상에서 희망이라는 것을 발견한 순간이었다.

세상의 모든 일들이 내 뜻대로 되지 않는다는 것을 그 어린 나이에는 전혀 알지 못했다. 갓 사회 초년생이 된 스물두 살. 결혼에 대해서, 출산이나 육아에 대해서 오래, 그리고 깊이 생각해 본 적 없던 꽃다운 나이였다. 단 한 번도 내가 미혼모가 될 거라곤 생각해 본 적 없다. 스스로 아이를 낳기로 한 이유가 지나고 보니 더 뚜렷해진다. 내 아이니까.

아이 친부도, 처음 만난 의사도, 그 누구도 아이를 낳으면 안 된다고 말하는 것 같았다. 누구도 축복하지 않았던 아이. 사실은 엄마가 처음인 나조차도 축복보다는 걱정부터 했었다. 그때 나는 너무 어렸다. 하지만 그렇게 어린 나이였어도 누군가의 걱정스러운 목소리보다 내게 찾아와 준 아이를 책임지겠다는 내 생각이 더 컸다. 현실감각이 없어서 겁 없이 했던 말이 아니다. 내 아이를 어떻게든 끝까지 책임지고 키우겠다는 마음만큼은 큰 어른이 되어 있었다. 그 순간의 생각들이 기억날 때면, 아이에게 미안한 마음이 들어 더 최선을 다해 잘 키우고자 다짐했다.

My Story 2

돈이 없는데
어떻게 병원에 가요?

 막상 낯선 곳에 오롯이 혼자 있다 보니 점점 답답하고 우울해졌다. 도망치듯 오면서 급하게 지낼 곳을 찾았던 탓인지 그 집은 햇빛이 잘 들지 않았다. 따스한 햇살만 비춰도 기분 좋아지는 채광 좋은 집을 구할 여력이, 심적인 여유가 전혀 없었다. 낮인지 밤인지 겨우 구분할 수 있었던 그 집은 임산부가 지내기에 우울 그 자체였다. 임신 전까지 모아놓은 돈으로 어떻게든 지낼 수 있어서 다행이었지만, 하루하루가 무기력하기만 했다.

 하루는 실업급여를 받을 수 있지 않을까 싶어 고용센터에 문의하러 갔다. 임신으로 그만두었다면 조건이 안 된다는 담당자의 핀잔 같은 대답에 순간 눈물이 차올랐다. 집으로 돌아오는 길에 엄마 손을 놓친 아이처럼 엉엉 울었다. 임신해서인지, 상황이 불안정해서인지 매일 그렇게 감정의 롤러코스터를 탔다.

그러던 어느 날, 아이 친부에게서 같이 살자고 연락이 왔다.

"거기 가서 살아도 돼?"

그동안 그의 말과 행동을 떠올리면 쉽게 받아줄 수 없었다. 그렇지만 한편으로는 아이를 함께 키울 수 있지 않을까 내심 기대가 됐다. 아이 아빠니까 당연한 결정이었다.

그렇게 함께 살게 되었다. 하지만 그는 가정을 이루기 위해 함께 사는 것 같지 않았다. 아르바이트를 구하러 간다고 했지만, 피시방에서 게임을 하거나 술을 마시고 들어왔다. 그의 부친에게 이따금씩 용돈을 받아쓰기도 했고, 내가 벌어놓은 돈을 쓰며 지냈다.

그래도 아기가 태어나면 부성애가 생겨서 언젠가는 정신을 차리지 않을까 하는 마음으로 그를 한 번 더 믿었다. 한때 아주 좋아했던 사람이기도 했지만, 무엇보다 아이 아빠가 될 사람이라고 생각했으니 말이다. 그와 살면서 점점 나아지는 것들을 상상했다. 그러나 그는 그렇지 않았다. 여러 번 싸울 때마다 그는 집을 나가버리거나 잠적했다.

돈이 떨어져 가자, 나는 근처 마트에서 캐셔 일을 했다. 배가 워낙에 나오지 않아서 사람들이 나의 임신 사실을 잘 몰랐기에 가능했다. 주급을 현금으로 주셔서 하루하루 생계를 이어 나갈 수 있었다. 일에 익숙해졌을 때 점장님께서 조용히 나를 불러 임신한 것이 아니냐 물었다. 나는 울면서 임신 사실을 털어놓았다. 그 뒤로 가끔 앉아서 일을 하라고 배려해 주시기도 했고, 직원분들은 마트에서 팔지 못하는 과일을 퇴근길에 챙겨 주시기도 했다.

주급을 받는 날이면 꼭 외식했다. 아이에게 영양분이 될 것 같은 음식들을 골라 사 먹었다. 그 시간이 정말 행복했다. 참 고맙게도 입덧이 심하지 않았다. 그것만으로도 아이에게 고마운 마음이 들었다. 그 덕에 꾸준히 일할 수 있었기 때문이었다.

마트 사모님께서는 임신했는데 쉬지 않고 일하는 것을 의아해하셨다. 사모님은 눈치가 빠르셨다. 돈을 빌려줄 테니 이제라도 다른 선택을 해보는 게 어떻겠냐며 나를 회유하셨다. 진심으로 나를 안쓰러워하는 마음이 느껴졌다.

"그래도 키울 거예요. 키울 수 있어요."

현실을 깨닫고 있었지만, 펑펑 울면서 고개를 저었다. 그런 말씀이 원망보다는 감사함으로 다가왔다. 마음 따뜻한 사장님과 직원분들은 내가 조산기 때문에 입원했을 때, 마트에 온 아이 친부에게 내가 일한 주급을 전해주면서 과일도 챙겨주셨다고 했다. 하지만 그 과일은 나와 뱃속의 아이에게 하나도 전달되지 않았다. 그는 과일과 내가 번 얼마 되지도 않는 돈을 챙겨 또다시 잠적했다.

임신 때 서러움이 평생 간다는 말을 들었다. 많이 서러웠다. 배신감도 들었다. 그리고 괘씸했다. 대부분의 남자는 임신한 아내를 여왕처럼 대접한다고 했다. 사실 난 그 이상을 바란 적도 없다. 그저 아빠로서, 가족으로서 할 도리만 해도 그렇게까지 화가 나지는 않았을 것이다. 그의 무책임 앞에서 통장 잔액은 점점 비어가고 있었다.

나라에서 예비 엄마들에게 주는 고운맘카드를 받았다. 임신, 출산 진료비를 지원하는 카드인데, 임신 초반이라 그랬는지 한 번 병원을 가니 8만 원이 순식간에 빠져나갔다. 임신 중 통증은 없었지만, 피가 자주 비쳤는데도 병원에 가기 어려웠다. 아이는 돈이 있어야 키운다는 말이 가슴에 맺혔다.

병원 가는 것이 더 힘들었던 이유는 아이에게 미안해서였다. 임신하면 해야 하는 검사들이 있는데, 비용을 감당하기 어려워 검사를 못했다. 또 아이가 건강한지 걱정이 되면서도, 어린 나이에 처음 엄마가 되니 두려움이 앞서 검사를 다 받지 못했다. 혹시라도 잘못된 결과가 나오면 어떻게 해야 할까 미리부터 겁을 먹었다.

그렇게 미루다 하루는 병원에 갔는데, 상황이 좋지 않으니 당장 큰 병원에 가라고 했다. 워낙 출산이나 임신에 대한 지식이 없어서 '별일 있겠어'라는 생각으로 걱정을 꾹꾹 누른 채 큰 병원을 찾아갔다. 의사는 당장 입원해야 한다고 말했다. 워낙 갑작스러웠고, 당장 입원하기 어려운 형편이었다.

"저, 입원 못 해요."

"걸어가다가 아기가 나와도 이상하지 않을 상황이에요. 이러면 아기도 산모도 위험해요."

약간의 실랑이 도중에 목소리가 높아졌지만, 난 자존심에 돈이 없다는 얘기는 쉽게 꺼낼 수 없었다.

"저 일하는 곳이 있어서 빠지면 안 돼요. 내일 당장 출근해야 하고요. 오늘도 간신히 시간 내서 온 거에요. 집에 갔다가 다시 올게요."

의사 선생님은 꼭 입원해야 한다며 아이가 위험하

다는 말을 반복하셨다. 그런데도 입원비가 자꾸만 마음에 걸렸다. 꾹꾹 눌러놓았던 진짜 속마음을 꺼내야만 했다.

"저 병원비도 없고 도와줄 사람도 없어요. 가족도 모르고 아이 친부랑도 연락 안 돼요."

"그럼 아는 곳에 연계해 줄게요. 병원비는 걱정 말아요."

"저 혼자밖에 없어요. 물건도 가져와야 하고 그냥 이대로 왔어요. 아무것도 없어요."

걱정과 두려움이 물밀듯 밀려왔다. 그런데도 나는 돈이 없었다. 아이가 위험한데도 돈 걱정을 하는 현실이 답답하기만 했다. 머릿속이 온통 걱정으로 들끓었다.

'내일 일을 하러 가야 하는데….'

'앞으로 생계는 어떻게 하지?'

'아무도 내 상황을 아는 사람이 없는데 짐은 어쩌지?'

그때가 가장 처절하게 나의 현실을 마주한 때였던 것 같다. 도움을 줄 사람이 곁에 없고, 가장 역할을 하는 배우자도 없고, 병원에서 아이가 위험하다 해도 돈이 없다고 말하고 있는 이 상황이 그저 막막할 뿐이었다.

하지만 의사 선생님은 단호하게 돌려보내지 않았

다. 절대 안 된다고, 자신이 아는 곳을 다 찾아서라도 병원비 걱정 없이 연결해 준다고 설득했다. 위험한 산모와 아이를 살리기 위해 맡은 바 사명을 다하는 의사가 원망스럽기까지 했지만, 입원을 피할 수 없었다. 임신 중에도 일을 하도록 배려해 주셨던 마트 사장님께 사정을 말하고 입원 생활이 시작되었다.

분만실의 문 쪽, 맨 끝에 내 자리가 생겼다. 창가 쪽보다는 그쪽이 나았다. 그리고 조용했다. 그 적막함이 나한테만 벌을 주는 것 같았다. 다시 안 올 것 같아서였는지 아니면 정말 위급한 상황이었던 건지 알지 못했다. 그저 의사를 만날 때마다 "집에 언제 갈 수 있어요?"라고 물었다. 끝내 집에 가도 된다는, 내가 원하는 대답을 듣지 못했다.

조산. 평생 들어본 적 없는 단어였다. 유산이나 기형아처럼 자주 들었던 단어들 말고 조산으로 입원한다는 말은 생소했기만 했고, 그래서인지 더 답답했다. 평생 주변에 산부인과 입원은 물론, 병원에 입원한 사람을 본 적이 없었기에 모든 것이 더 낯설게만 느껴졌다. 임신하고 개월 수가 차면 애가 건강하게 바로 나오는 줄 알았다. 무엇보다 금방 집에 갈 줄 알았다.

그저 진료받고 집으로 돌아가는 길에 맛있는 거나

사 먹어야지, 오랜만의 휴일이기도 했기에 그저 외출복에 작은 가방과 휴대전화가 전부였다. 그런데 단 며칠도 아니고 한 달을 입원하게 될 줄 꿈에도 몰랐다.

아침, 저녁으로 태동 검사를 했다. 아기가 움직일 때마다 버튼을 누르라고 했다. 새벽에 검사할 때는 정신을 똑바로 차리려고 해도 누워서 하다 보니 졸기도 했었다. 그런데 그 결과에 따라 나는 몇 번이나 굶어야 했다. 뱃속의 아기가 별로 움직이지 않은 날은 아기가 당장 나올 수도 있기에, 수술이나 아이를 낳기 전에는 굶어야 한다고 했다.

나는 그 침대 밖으로 나가본 적이 없다. 심지어 소변 정도는 요강을 가져다주셨고, 씻는 것, 잠깐의 외출조차도 허락되지 않았다. 분만실이다 보니 사람도 하루 정도 머물다 가는 게 다였다. 그래서인지 더 많이 우울했다. 매일 검사를 하고 링거를 맞았기에 아기에 대해 수시로 이야기를 들었다. 아기가 작다고 했다. 모두 내 책임 같았다. 마치 벌을 받는 것 같았다.

잘 먹어야 한다고 의사 선생님이 이야기했지만, 아무도 찾아오지 않는 병원에 틀어박혀 뭘 어떻게 더 잘 먹어야 할지 알 수 없었다. 그저 병원에서 나오는 밥을 꼬박꼬박 잘 먹었다. 주는 대로 이렇게 잘 먹는데 왜 아기가 안 크는지 속상했다. 어느 날은 간호사님께서 내가 정말 안쓰러웠는지 초콜릿, 과자 등 살이 찐다는 간식거리를 사다 주셨다. 시원한 것도 먹고 싶고 군것질도 하고 싶었지만, 아이를 지키겠다는 마음 하나로 병상과 한 몸이 되어 누워만 있었다.

　가끔 산모들이 분만을 하러 잠깐씩 머물다 가곤 했다. 그중에는 미혼모 시설에서 아이를 낳으러 온 산모도 있었는데, 연령대가 다양했다. 미혼모는 어릴 것이란 편견은 여기서 깨진 것 같다. 외로웠고 궁금했지만, 당시 외향적이지 않았던 나는 이것저것 물어보고 싶어도 그러지 못했다.

　그만큼 혼자 그 넓은 병실을 쓰면서도 TV에 나오는 노래도, 드라마도, 모든 게 다 우울하고 슬펐다. 처량했고, 감옥에 갇힌 기분이 들었다. 임신 기간에는 호르몬이 오르락내리락한다던데, 혼자 그 시간을 버티자니 우울하지 않을 수 없었다. 그럼에도 아이가 잘못되지는 않을까, 나오지도 않은 아이를 지키려는 엄마의 마음이 자라나고 있었다. 누구도 찾아오지 않는 환영받지 못한 임신이 내 홀로서기의 시작이었다.

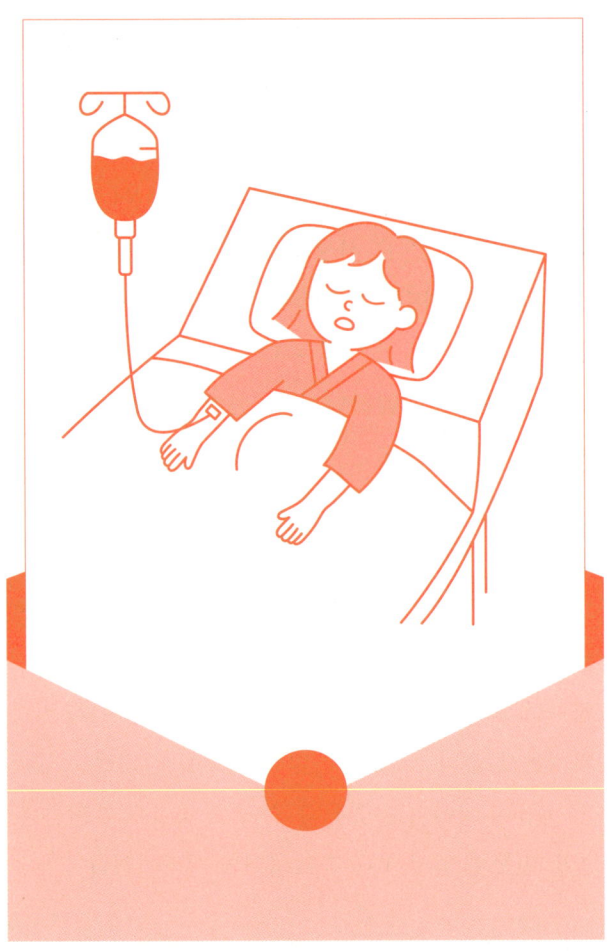

처량했고

감옥에 갇힌 기분이 들었다.

임신 기간에는 호르몬이

오르락내리락한다던데,

혼자 그 시간을 버티자니

우울하지 않을 수 없었다.

그럼에도 아이가 잘못되지는 않을까,

나오지도 않은 아이를 지키려는

엄마의 마음이 자라나고 있었다.

누구도 찾아오지 않는

환영받지 못한 임신이

내 홀로서기의 시작이었다.

My Story 3

나는 잘못한 게 아니고, 책임을 졌을 뿐입니다

어느 날 진료실에 누워 있는데 미혼모 시설의 관계자가 오셨다. 약속도 없이 갑자기 나타나셔서 놀라기도 했고 반갑기도 했다. 아마 미혼모 시설의 임산부들이 단체 진료를 받으러 온 날이었던 것 같다.

수녀복이 정말 잘 어울리고, 젊으면서도 인자한 모습의 수녀님. 그 모습에 안심이 되었다. 수녀님은 "소희야"라고 차분한 목소리로 상담을 이어가셨다. 하지만 그 짧은 시간 동안 내 상태가 어떤지보다는 아이 친부와의 관계, 가족이나 친구들이 아는지, 앞으로 어떻게 할 것인지를 더 궁금해하셨다.

나는 누워서 상담하는 내내 쉴 새 없이 눈물을 주르륵 흘렸다.

"혼자서 어떻게 키우게…?"

"키울 수 있어요…."

"어떻게? 혼자서 키우기 힘들어…."

지금은 많이 달라졌지만, 그때만 해도 입양을 흔하게 이야기했었다. 직접적으로 말씀하시지는 않았지만 무슨 뜻인지 알 수 있었다. 나는 계속 "키울 수 있어요"라고 이야기할 수밖에 없었다. 구체적인 계획도 없이 키울 수 있다는 말이 수녀님은 이해하기 어려웠을 것이고, 앞으로 힘든 길을 갈 것이라는 걱정이 앞섰을 것이다. 그 당시에는 그럴 만도 했다. 그래도 내심 수녀님만은 나의 안녕과 안부를 물으며 잘 키울 수 있을 거라고 응원해 주실 줄 알았다.

그러던 어느 날 엄마에게서 전화가 왔다. 갑작스럽게 부모님이 날 보러 온다는 것이었다.

"엄마, 나 일하고 있고 늦게 끝나서 와도 못 봐. 그냥 자취방에 가져온 거 두고 가."

하지만 엄마는 날 잠깐이라도 보겠다며 올라오신다고 했다. 결국 거의 도착하셨다고 전화가 왔을 때 두려움, 미안함, 그리고 어쩌면 안도감에 울먹이다 보니 입이 잘 떨어지질 않았다.

"분만실에 있어…."

"뭐라고?"

"○○병원 분만실에 있어."

부모님은 급히 병원으로 오셨고, 그렇게 우리 가족은 내 임신 사실을 아기가 태어나기 일주일 전에 알게 되었다. 놀랍기도 하고, 가장 믿음직스러웠던 큰딸이 배부른 상태로 분만실에 앉아 있는 모습에 얼마나 억장이 무너졌을까?

"아기 아빠는?"

"몰라 헤어졌어."

"앞으로 어떻게 할 거야?"

"키울 거야."

9개월이 다 되었지만 개월 수에 맞지 않는 배를 보고 부모님은 왜 진작 말하지 않았냐며, 얼마나 못 먹었으면 만삭 같지 않다고 매우 걱정하셨다. 혼자서 얼마나 힘들었냐는 말씀과 함께 속상한 마음을 드러내셨다. 그 와중에 엄마는 아기 성별을 물어보셨다. 가장 이성적이면서 현실적인 질문이어서 지금 생각해도 웃음이 나온다.

부모님은 아이 친부와의 상황, 찾을 방법, 아이 친부의 가족은 알고 있는지에 대해서도 물어보셨다. 그대로 집으로 돌아가신 줄만 알았는데, 부모님은 아이 친부가 나와 자취방에서 같이 지냈다는 이야기를 듣고 날이 저물 때까지 그의 행방을 찾다가 내려가셨다고 한다. 그래도 어떤 인간인지 직접 확인해야만 하셨겠지. 큰딸과 아이 모두 책임지라고 이야기하고 싶으셨을 것이다. 부모님도 내 딸이 '혼자서' 그것도 태어날 아이가 '사생아'로 자랄 걱정에 책임감 없는 친부를 그리도 애타게 찾으러 다니신 거다. 나를 비난하지 않으셨지만 '미혼모'에 대한 시선이 어떤지 아셨기에 쉽사리 이 상황을 받아들이지 못하셨다.

집에서 산후조리를 할 때였다. 친척들이 집에 와서 나와 아기가 누워 있는 모습을 보셨다. 내가 잠시 화장실을 가는 순간, 누군가가 "형수가 애를 잘못 키워서…"라고 엄마를 탓하는 말을 듣게 되었다.

"엄마는 잘못이 없는데 왜 엄마한테 그래요?" 난 화가 치밀어 올라 따지듯 물었다. 아이를 혼자 낳기로 한 순간부터 "그래 너의 선택이니 존중하겠다"라는 말을 단 한 번도 들은 적이 없는 것 같다.

혼자 어떻게 키울 거예요?, 아빠 없이는 힘들어, 그런 남자를 왜 만났어, 나라면 안 만나, 애가 애를 낳았네. 어떤 면에서는 현실적인 이야기일 수 있지만, 이미 아이를 혼자 낳고 기르기로 결심한 이상 내게는 그저 쓸모없는 말들이었다. 이미 벌어진 일 앞에 어떤 말도 도움이 되지 않았다.

아이가 네 살 무렵, 아이를 돌보면서 할 수 있는 일을 찾고 있었다. 바리스타 자격증은 바로 땄지만, 경험을 쌓기 위해 카페 아르바이트를 먼저 해보기로 했다. 처음으로 일을 시작한 곳은 작은 카페였다. 그 카페의 주인은 남자 사장님이었다. 내가 미혼모라는 걸 처음부터 알고 있어서인지 같이 밥을 먹자고 하거나, 집 근처로 오겠다고 했다. 내가 미혼모여서 그랬는지, 원래 그런 사람이었는지는 알 수 없었다. 그래도 느낌이 이상해서 오래 일하지 못했다.

이렇듯 아이를 혼자 키우는 '미혼모'에 대한 사회의 시선은 좋지 않았다. 편견의 화살은 미혼모 당사자에게만 정확히 꽂힌다. 어리다, 성적으로 문란할 것이다, 버려진 사람, 이기적인 사람, 혼자 키워서 아이에게 좋지 않은 영향을 줄 것이라는 편견이 뿌리 깊이 깔려 있다. 그래서 미혼모라고 밝히는 것이 쉽지 않았다.

더욱 고통스러웠던 것은 "피임하지 그랬어", "그런 남자를 왜 만났어"라는 책망이었다. 남자가 책임지지 않은 상황이었으나, 나의 책임이 후회의 결과물로 남는 것 같았다. 아이를 키워보지도 않았는데 나는 이미

죄 많은 엄마가 되어 있었다. 책임을 혼자라도 진 것이 잘못인가? 왜 잘못했다고 생각해야 하는가? 책임을 져도, 입양을 보내도, 혹은 임신 중지를 하더라도 누군가는 남 일이니 쉽게 말한다.

이런 편견들을 이겨내며 나름대로 열심히 살고 있지만, 혼자 아이를 양육하면서 경제활동을 병행하는 것은 생각보다 쉽지 않았다. 아이가 네 살 무렵 본격적으로 일을 해야 했기에, 나는 아이와 함께 부모님 댁에서 독립하게 되었다. 무엇이든지 배워야 했고, 돈을 벌어야 했다. 제일 먼저 어린이집에 맡기고, 제일 늦게 아이를 데리고 왔다. 신호등 한 번을 놓치면 날 기다릴 아이 생각에 늘 뛰어다녔다. 어쩌다 일찍 가는 날이면 신나 하는 아이의 모습이 매일 눈에 아른거렸다.

오로지 나만 바라보는 아이 생각에 더 미안함이 컸다. 아이가 한창 예쁠 때 함께하지 못한 게 매 순간 아쉽고, 지금도 빨리 커버리는 아이가 대견하면서도 마음 한편엔 미안함과 죄책감이 크다. 그럴 때마다 더 애를 쓰며 해야 할 일들을 성실하게 했다.

그리고 간혹 아이랑 둘이 다닐 때면 항상 듣는 이야기들이 있었다.

"엄마 맞아요? 누나 아니면 이모 같아요. 엄청 일

찍 결혼했나 봐요."

사실 내심 이런 말들이 좋기도 했다. 성인이 되어서 아이를 낳았지만 일찍 낳은 것도 사실이고, 어려 보이는 것도 사실이었으니까. 도리어 그런 말들을 마음껏 즐기곤 했다. 웃으면서 "네! 제가 좀 일찍 낳았어요"라고 대답하기도 했다.

미혼모가 되어 무조건 힘들고 나쁘리라는 법은 없다. 애써 미혼모라는 프레임에 자신을 가둘 필요도 없다. 나는 그저 혼자 아이를 키우기로 결심했고, 어떤 누군가의 말들로 바꿀 수 있는 결심도 아니었다. 세상의 모든 부모가 그러하듯 그저 내 아이를 책임지고 기르고 있을 뿐이고, 내가 선택한 책임은 당연했다.

My Story 4

미혼모 활동가로 세상에 나서다

"너 이번 주말에 뭐 해? 내가 아는 미혼모 단체에서 영화 보기 프로그램을 한대. 가보자."

온라인 커뮤니티에서 나와 동갑에, 아이들 나이도 비슷한 미혼 엄마를 만나게 되었다. 그녀는 나보다 2년 먼저 미혼 엄마가 되어서인지, 맘카페 같은 육아 커뮤니티에 대해서도 잘 알고 있었다. 모자원으로 이사 온 그 친구와 나는 더 자주 이야기를 했고, 서로 정보를 교환하기도 했다.

직장과 집을 오가는 무료한 일상과 연고지가 없는 곳에서 누군가를 새로이 만난다는 것은 꽤 괜찮은 선택이었다. 영화를 보는 2~3시간 동안은 안전하게 아이를 맡기고 집중할 수 있었다. 미혼모의 일상에 대해

내가 느끼던 불편한 지점들을 어떤 관점으로 바라보느냐에 따라, 세상을 다르게 볼 수 있음을 깨닫게 되었다.

이렇게 프로그램에 여러 번 참여하고, 밥도 몇 번 먹다 보니 미혼 엄마들과 친해지게 되었다. 프로그램 시간 자체보다 같이 밥 먹고 이야기하는 자리가 더 기대되고 즐거웠다. 각자의 사연은 다르지만 고민하는 지점은 비슷하기에 공감도 가고, 나는 앞으로 어떻게 해야 할지 고민도 하게 되었다.

'성별이 다른 자녀의 양육(목욕탕, 수영장)은 어떻게 하는지?'

'자녀 육아와 경제활동을 병행하기 위해 어떤 직업을 가지고 있는지?'

'자녀 돌봄은 어떻게 하는지?'

'아이 친부에게 양육비는 받는지? 연락은 하는지? 아이에게 어떻게 말해주고 있는지?'

당연하고도 일상적인 내용이지만, 누군가에게 쉽게 물어볼 수 없는 이야기를 편하게 나누기도 했다. 그 모임이 어디보다 편안한 공간이라는 생각이 들었다. 평소에는 내 고민을 들어줄, 안전하게 여겨지는 사람들이 많지 않았다. 그래서 나와 같은 상황을 헤쳐 나가는 미혼 엄마들을 만나는 것이 즐거웠다.

그러던 어느 날, 아이와 함께 버스 여행을 가는 길이었다. 단체의 미혼모 대표님께서 "같이 일해보지 않을래요?"라고 전화를 주셨다. 사실 그 당시 몇 안 되는 미혼모 활동가들이 계셨는데, 그중에서도 왕성하게 활동하고 계신 대표님께서 함께 일하자고 하니 말할 수 없이 기뻤다. 망설일 것도 없이 바로 수락했다. 이런 기회는 다시 없을 것이라고 했다.

"네! 그럼, 언제부터 출근하면 될까요?"

활동가의 일은 생각보다 다양했다. 프로그램을 준비하거나 월 정기 모임 진행, 회원들에게 줄 물품 수령과 포장 발송, 커뮤니티 관리, 인식 개선 관련 인터뷰, 다양한 사람들과의 미팅, 그리고 상담까지. 여태까지 하던 일과 전혀 다른 업무들을 해야 했다.

그중 나에게 주어진 첫 담당업무는 만 36개월 미만 자녀를 양육하는 미혼모를 위한 일이었다. 사례마다 지원은 달랐지만 대략 출산비, 주거 보증금, 출산용품 등 초기에 자리 잡기 어려운 가정에 지원하는 일이었다. 지원을 하기 위해서는 상담을 해야 하는데, 복지는 전공했지만 상담은 배워본 적이 없어서 생각보다 어려웠다.

누군가의 꺼내기 어려운 불편한 속내들, 현재 상황, 가장 필요한 것들을 상담해야 했다. 사업비가 한정되어 있기 때문에 과연 지원이 타당한지 판단해야 하는데, 초짜인 나는 모든 게 부담스러웠다. 이런 일들을 하다 보니 부족함을 느꼈고, 한 부모에게 무료로 지원해 주는 사이버대학을 다니면서 상담을 배우려고 시도한 적도 있다. 그렇게 한 부모가 된 이후 전에는 해 보지 못했던 것들에 도전하고 성장해 나가는 것을 느끼게 되었다.

임산부가 태교를 하며 감사의 의미로 손수 떠준 수세미, 크리스마스에 맞춰 도착한 감사 편지, 어쩌다 간식을 보내주시는 분들까지, 이런 분들이 있어서 나도 내가 할 수 있는 것들을 하자며 마음을 다잡았던 것 같다.

상담하면서 기억에 남는 몇 분이 있다. 아이를 갑작스럽게 출산하게 되어 우리 단체에 긴급 SOS를 요청했던 분이다. 대표님과 함께 그분을 만났을 때, 나의 상황과 경험을 살려 나도 미혼모이며 부모님이 도와주신 덕분에 아이랑 잘 살고 있다고 말씀드렸다. 다음 날 그분께서 아이를 기르기로 했다고 대표님께 연락을 했단다. 정말 좋은 일을 했다고 대표님이 격려와 응원을 해주셨던 게 기억에 오래 남아 있다.

또 가끔 연락이 오는 분들이 계신다. 우리 아이가 돌이 되었어요, 어떻게 지내세요, 선생님이 사준 아기 옷이 벌써 작아져서 못 입는다며 평범한 안부 인사를 전해올 때마다 갑자기 눈시울이 뜨거워지곤 한다. 미혼모 활동가로 일하는 지금 이 일이 참 보람 있고, 때때로 가슴이 뜨거워짐을 느낀다.

사실 이런 활동을 할 수 있는 것도 다 소중한 가족들 덕분이다. 그때의 일이 생각난다. 내가 가장 먼저 임신 사실을 알린 여동생은 첫 출산용품을 마련해 주었다. 입원 당시 생각지도 않았던 배냇저고리 다섯 장을 사 들고 왔는데, 그제야 출산 준비를 아무것도 안 했다는 걸 깨달았다. 아이를 맞이할 준비를 할 수 없는 형편이 무척 괴로웠지만, 작고 귀여운 배냇저고리를 언제 입히게 될지 설레는 마음으로 하루하루를 버텼다.

"언니, 태동도 느껴?"

"당연하지! 만져볼래?"

나의 선물, 건담이가 꿈틀대자 배에 발바닥이 보였는지 동생은 신기해했다. 작고 귀엽다며 "내가 이모야, 얼른 건강하게 만났으면 좋겠어"라는 이야기도 해주었다. 맨날 미안하다면서 이해해 주길 바라는 말만

들었을 건담이에게 참 고마운 말이었다.
"언니 철없이 편식하지 말고 아기 생각해서 골고루 많이 먹어."
장난 반 진담 반 나를 위한 이야기를 전하고는 돌아갔다. 그렇게 동생 덕분에 아기의 첫 출산용품이 꾸려졌다.

"우리도 네가 너무 소중한데, 너도 아기가 얼마나 소중하겠어."
부모님은 시설에 머물던 나를 주저 없이 집으로 불러들이셨다.
"우리가 키워야지, 어딜 보내."
당시 고등학생이던 남동생도 함께 키우자 했다. 그렇게 아이는 외할머니, 외할아버지, 삼촌들과 이모, 그리고 이모부에게까지 사랑을 듬뿍 받고 자라게 되었다.

나를 가장 성장시켜 주는 우리 아이는 참 당차다.
"넌 아빠랑 놀러 간 적 없다며?"
"나 아빠 없는데!?"
친구와 주고받은 말을 담담히 엄마에게 이야기하며 대수롭지 않게 넘어가는 아이다.
〈미혼모 자녀는 어떤 생각을 하고 있을까?〉라는

영상 콘텐츠를 찍을 때였다. 아이는 여덟 살이었나? 엄마 직업이 뭐냐고 물어보니 '미혼모'라고 답했다. 미혼모라는 게 무엇인지는 몰라도, 부끄러운 일은 아니라는 걸 알았나 보다. 그런 모습을 보면서 나는 더 단단해질 수밖에 없었다.

미혼모 타이틀을 갖게 되었다고 해서 못할 일은 하나도 없었다. 오히려 다양한 활동 프로그램에 참여하고, TV에도 나오고, 신문 기사에도 실리고, 국립극장에서 뮤지컬도 해보는 기회를 얻을 수 있었다.

이렇게 아이와 다양한 활동을 하게 되었고, 아이 덕분에 오히려 내가 성장하는 것 같다. 보통 애를 낳아야 어른이 된다는 말이 있는데, 요즘 그 말에 깊게 공감한다.

네가 선택한 일인데 뭐가 대단하냐고 하겠지만, 내가 미혼모라는 사실을 밝히고 용기 내서 활동하다 보니 나와 아이 모두 오로지 '나'라는 존재로 살아가고 있다.

My Story 5

혼자가 아닌 우리가 되는 세상

내가 사는 지역의 마을 미디어 방송 〈청년들의 일상을 들여다보는 푸른 삶〉에 출연해 한 부모 활동가이자 청년시민으로서 내 이야기를 한 적이 있다. 활동 중인 단체 소개와 단체에서 하는 일, 앞으로의 계획에 관해서 설명하던 중 질문이 하나 들어왔다.

"소희 씨가 생각하는 활동가란 무엇인가요?"

순간 말문이 탁 막혔다.

'진정 내가 생각하는 활동가는 무엇인가?'

엄청난 포부를 가지고 이 일에 뛰어든 건 아니었다. 솔직하게 말하면 스며들었다는 표현이 맞다. 내가 하는 일이 누군가에게 도움을 주기에 뿌듯해서, 흔히 말하는 좋은 일이라서 활동한 것만은 아니었다. 처음에는 그저 속내를 마음껏 이야기하고 들어주는 모임이 좋았고, 그 안에서 내가 할 수 있는 역할이 있어서 더 좋았다. 당당하게 자신이 느꼈던 것들을 말하는 선배 활동가들도 참 멋져 보였다. 우리끼리 말하는 데 그치지 않고 사회에 목소리가 전달되는 것에 대한 자부심이 있었다. 절대 혼자 할 수 있는 일이 아니고, 함께 해야만 의미가 있는 일이다.

 사람들은 한 부모 수당 금액이 인상된 것을 보며 세상이 많이 달라져 가고 있다고 느끼는 것 같다. 또 어떻게 보면 '이 정도면 먹고 살 만하잖아?'라고 생각할 때도 많은 것 같다. 예전만큼 소리 높여 활동하지 않아도, 정부가 알아서 관심을 갖고 시대에 맞게 정책을 바꾸었기 때문이라고 생각할 수도 있다. 하지만 앞선 한 부모 활동가들이 목소리를 내며 하나하나 노력을 기울였던 덕분에 바뀐 부분이 많다. 지금도 여러 사람들이 관심을 두도록, 당사자 입장에서 목소리를 내려고 노력하고 있다.
 그러나 정작 단체가 어떤 일을 하는지 잘 모르기 때문에 함께하지 못하는 경우도 많은 것 같다. 그보다 가장 중요한 건, 한 부모는 혼자서 일과 양육, 가사 활동을 책임지느라 너무 바빠서 새로운 일을 하기보다는 쉬는 것이 간절할 수밖에 없다는 것이다.

　우리가 하는 활동은 공동체 의식이 필요하다. 내가 미혼모가 되면서 받았던 여러 가지 도움의 손길을 떠올려보면, 지금 누군가가 필요로 하는 다양한 사업의 대상자가 바로 나였음을 깨닫게 된다. 내가 받았던 것을 예전의 나와 같은 처지에 놓인 분들, 나와 비슷한 경험을 하고 있는 분들에게 나누어 주고 싶다.
　그래서 올해 우리 단체에서는 산불 모금을 해서 재난지역의 한부모 가정에 전달했다. 또 내가 사는 지역의 한부모 가족들과 동아리 활동을 하며 지역 어르신들께 어버이날 꽃바구니를 만들어 기부하는 활동도 했다.
　한부모 가정이라 하면 떠올리는 불쌍한 이미지가 아니라 힘들 때는 도움을 받을 줄 알고, 형편이 조금 나아졌을 때는 반대로 도움을 주는 사람이 될 수 있다는 것을 보여주고 싶다. 우리 아이들이 부모가 누구건 차별받지 않고 잘 성장하게 돕는 것이 우리 사회가 해야 할 일이라는 생각도 깊게 자리하고 있다.
　그러기 위해서는 사회의 인식 변화도 중요하지만, 당사자인 우리 한 부모들의 인식 변화가 가장 중요한 것 같다. 선택했든 아니면 어떤 사정으로 한 부모가 되었든 간에, 우리는 잘못한 것이 없다. 그래서 한 부모라는 것을 드러내는 일에 큰 용기가 필요하지 않은 세상이 되었으면 한다.

내가 직접 겪기 전까지는 미혼모에 전혀 관심이 없었다. 그러다 보니 당연히 깊이 생각해 본 적도 없다. 사람들은 그저 자기 일이 아닌 것은 깊이 생각하지 않고, 이미 자리 잡힌 생각대로 이야기할 뿐이다. 그렇기에 실제로는 나에게 크게 관심이 없을 수 있다. 어찌 보면 그냥 스쳐 가는 사람일 뿐. 그 사람이 하는 어떤 말이 잠시 생채기를 낼 수 있지만, 인생 전체를 흔들 수는 없다. 그런 대단한 일을 할 수 있는 것은 오로지 '나'뿐이다.

임신 시기에는 그 편견에 갇혀서 스스로 도망치고 고립을 선택했더니 자꾸 숨게만 되었다. 결국 혼자 아이를 낳겠다고 하는 순간, 세상은 호의적이지는 않았지만 더 이상 숨지 않아도 되었다. 오히려 밝히는 순간 더 당당해졌다. 그렇기에 지금의 난 확신을 갖고 활동할 수 있고, 아이도 이 상황을 부끄러워하거나 숨기지 않는다.

오히려 미혼모라는 사실을 밝혀서 좋았던 순간도 많았다. 도와주려는 손길, 아이를 돌봐주려는 분들, 혼자니까 더 힘들다는 것을 인정해 주는 말 한마디. 어떤 물질적인 도움이 아니더라도 정서적으로 쉽게 누리지 못할 충만함을 느끼게 된다.

우리는 더 이상 혼자가 아니고 함께하는 세상으로 나아가고 있다.

안소희 작가 약력

- 현 한부모가족회 한가지 사무국장
- 현 한부모가족회 한가지 부천지부 지부장
- 현 원예강사
- 전 변화된미래를만드는미혼모협회 사무국장
- 『홀로 엄마도 괜찮습니다』 공동출간

사남매와 홀로, 힘든 일도 감사하는 마음으로 여기까지 왔습니다

김태영

My Story 1

어느 날 갑자기 이별 통보, 네 남매를 키워야 했다

정확히 12년 전, 한여름 7월 초의 일이다. 나는 장난꾸러기 아들 셋과 어린 딸 하나를 키우는 평범한 다자녀 가정의 엄마이자 아내였다. 큰아이는 열한 살 초등학교 4학년, 둘째는 열 살, 셋째는 아홉 살, 막내딸은 이제 두 살이었다.

아이들의 여름방학을 앞둔 어느 날, 늘 일에 쫓기던 남편이 저녁을 사주겠다며 우리를 집 앞 레스토랑으로 불렀다. 그는 평소 말을 아끼는 사람이었다. 무슨 일이든 직접 묻지 않으면 잘 이야기하지 않았고, 당시 회사 사정이 좋지 않아 두 달째 생활비를 못 받고 있었다. 불안하면서도 묻지 않았고, 그저 상황이 곧 나아지기를 기다리고 있었다.

그날 남편이 먼저 외식을 제안했을 때, 드디어 회사가 안정된 것일지도 모른다는 기대감이 커졌다. 동시에 '왜 갑자기?' 하는 의심도 스쳤다. 하지만 그런 생각은 잠시뿐, 큰아이가 좋아하는 카레 집이 새로 생겼다는 걸 떠올리며 아이들과 함께 기쁜 마음으로 출발했다.

식당 인테리어는 깔끔했고 분위기도 조용했다. 아이들이 많았기에 방을 요청한 다음 남편을 기다렸다. 딸아이는 유모차에서 잠들어 있었다. 잠시 뒤 도착한 남편은 주문을 하고, 평소와 달리 나에게 먼저 먹으라고 배려했다. 그 모습이 낯설어 조금은 의아했지만, 그때까지도 나는 아무것도 알지 못했다.

식사를 마친 남편은 큰아이에게 물었다.
"우리 아들, 가장 갖고 싶은 게 뭐야?"
당시 아이들 사이에서 유행하던 닌텐도. 첫째는 눈을 반짝이며 대답했다. 남편은 오늘 당장 사주겠다며 갑자기 마트로 향했다. 아이는 신이 나서 날아갈 듯했다. 어리둥절한 상황이었지만 말릴 틈이 없었다. 마트 전자매장에서 남편은 32만 원짜리 게임기를 아무 망설임 없이 결제했다. 그간 어려운 상황에 생활비도 받지 못했던 것이 생각나 순간 화가 났다.

"당신 미쳤어? 지금 이 상황에 이게 말이 돼?"

경제적으로 빠듯한 상황에, 한 아이만 사주는 것도 이해되지 않았다. 하지만 남편은 "너희들 형 말 잘 들으면 나중에 사줄 거야"라며 웃고 있었다. 그리고 나에게 말했다.

"기분 상하지 말고, 나중에 할 말이 있으니 조금만 기다려 줘."

무언가 이상하게 흘러가는 상황이었지만 기다릴 수밖에 없었다. 남편은 첫째에게 무언가 진지하게 말했고, 큰아이는 고개를 끄덕이며 수긍하는 눈치였다. 둘째와 셋째는 형만 사주는 게 억울했겠지만, 게임기를 하고 싶은 마음이 앞섰는지 "형아! 나 먼저 하게 해 줘~", "아니, 내가 먼저야! 가위바위보 해!"라며 서로 조율하는 중이었다.

전자매장 한쪽 소파에 아이들을 앉히고, 남편을 불러 조용히 물었다.

"도대체 오늘 왜 이러는 거야?"

그제야 남편은 입을 열었다.

"나, 내일 새벽 비행기 타고 중국 가."

"얼마나?"

"한 달이 될지, 1년이 될지, 어쩌면 2년이 될지도

모르겠어. 아이들 데리고 잘 버티고 기다려 줘. 당신, 나 믿지?"

순간 말문이 막혔다. 남편은 그럴듯한 설명이나 이유도 없이 나를 안심시키려 애썼지만, 믿을 수가 없었다.

집에 돌아오자마자 아이들을 씻기고 재우는 게 급했다. 아이들에게 윽박지르듯 게임기를 치우고서야 모두 잠자리에 들었다. 어린 막내딸은 엄마의 불안한 기운을 느꼈는지 유난히 잠을 설치며 칭얼거렸다. 아이들이 겨우 잠들자 짐을 싸는 남편에게 다시 물었다.

"왜? 왜 나한테 상의도 없이? 무슨 일이야?"

외국에 나가 있어야 일이 해결된다며 곧 괜찮아질 거라고 했다. 그러더니 한 장의 종이를 내밀었다. 전화번호 하나가 적혀 있었다.

"이 분이 내가 없는 동안 도와줄 거야. 한 달쯤 지나면 연락해. 생활비도 그쪽에서 받을 수 있을 거야."

갑작스러운 그의 말에 황당할 뿐이었다. 또 받아들이고 싶지 않았지만 그럴 수밖에 없었다.

다음 날 새벽 5시 반, 남편은 아이들 하나하나 이마를 쓰다듬고 나를 마지막으로 안아주곤 문을 나섰다. 그 장면이 지금도 머릿속에 선명하다. 하루아침에 벌어진 갑작스러운 상황에 분노도 슬픔도 느낄 틈이 없었다. 그저 믿으려고 애를 썼다. 믿을 수밖에 없었다.

그렇게 남편이 떠난 뒤로 어떻게 하루하루를 보냈는지 모르겠다. 매일 버티고 기다리는 시간 속에서 불안함이 커져갔지만, 그래도 믿음이 있었기에 아이들만 바라보며 이겨내고 있었다. 한 달이 지나 생활비가 바닥났기에 남편이 남긴 그 번호로 연락하기로 마음먹었다. 친한 언니에게 사정을 말한 후 잠시 아이들을 맡기고, 조용한 방 안에서 조심스레 휴대전화 번호를 눌렀다. 단번에 전화를 받았다.

"안녕하세요. ○○의 아내입니다. 남편이 어려우면 이 번호로 전화해 도움받으라고 해서… 죄송하지만…."

말이 채 끝나기도 전에 상대방은 단호하게 말했다.

"지금 ○○ 사장 어디 있습니까? 빨리 들어오라고 하세요. 그리고 나는 어려우면 도움 준다고 한 사실이 없습니다. 단단히 착각했나 본데 남편분 설득해서 얼른 들어오라고 하십시오. 전화 끊겠습니다."

그 황망한 말을 듣자마자 그 자리에 주저앉아 대성통곡을 하며 엉엉 울었다. 그동안 가슴 졸이며 버텼던 한 달 동안의 설움이 그대로 다 터져버린 날이었다. 울음소리를 듣고 언니는 방으로 들어와 나를 꼭 안아주었다. 아무 말도 하지 못하고, 엉엉 울기만 했다.

그렇게 나는 하루아침에 네 명의 아이를 홀로 키우는 한 부모가 되었다. 나의 선택이 아닌 갑작스러운 그의 통보로 말이다.

누구나 살면서 떠올리고 싶지 않고 기억하기 싫은 사건이 있을 것이다. 나에겐, 잊고 싶은데 지워지지 않는 순간들이다. 마치 어제 일처럼 생생하게 남아 있어서 아직도 가슴이 아리고, 날 아프게 만드는 기억들이다. 단란한 가정을 꾸리며 잘 살아왔던 인생을 송두리째 뒤흔든 그 여름날의 아픈 기억이다.

My Story 2

남편의 부재,
나는 가장이 되었다

남편이 떠난 후 나는 아이들과 함께 홀로 남겨졌다. 나름대로 행복한 가정, 부유하고 다복한 가정이었다고 자부했는데, 한순간에 무너졌다는 생각이 나를 더욱 우울하게 만들었다. 하지만 우울할 틈도 없을 만큼 현실은 더 냉혹했다. 기본 생활비와 고정 지출이 있는 상황이어서 어떻게든 돈을 마련해야만 했다. 남편 수입에 의존했던 터라 네 남매와 어떻게 살아야 할지 현실이 막막하기만 했다. 경력 단절에 아이들이 넷이나 있으니 당장 일을 할 수도 없는 상황이었다.

그러나 한순간에 가장이 되어 있었다. 손가락만 빨고 앉아 있을 순 없었다. 결국 살던 집을 처분해야겠다고 마음먹었다. 집을 팔면 생기는 이익이나 손해를 따질 겨를없이 부동산에 싸게 급매로 내놓았고, 다행히 빠르게 집이 팔렸다. 집을 처분하면 어느 정도 해결될 거라 여기며 계산을 해보았지만, 이미 대출을 잔뜩 받은 상태라 건질 돈은 생각보다 많지 않았다. 있는 빚을 청산하고 앞으로 살 집과 먹고살 생활비를 계산해 보니 서울에서의 생활은 무리였다.

사실 원래 살던 동네에서는 항상 놀이터에서 삼형제가 놀면 어느새 다른 아이들도 삼삼오오 모이는 인기 많은 아이들이었다. 나는 아이들이 배고플 때면 어김없이 간식을 넉넉하게 가지고 나가 함께 뛰어노는 아이들까지도 챙겨 먹이는 엄마로 알려져 있었다. 그렇게 고향과도 같은 보금자리를 떠난다는 것이 서운하기만 했다. 또 새로운 곳에서의 시작이 두렵기도 했다. 엄마인 나도 이렇게나 상실감이 큰데 아이들은 오죽했을까. 특히 친한 친구들과 이별하고 떠난다는 것에 많이 마음 아파했다.

그래서 아이들의 학교 진학을 위해 더 괜찮은 동네로 이사를 간다고 거짓말을 했다. 혹여라도 아이들이 받을 상처를 피하고자 선택한 선의의 거짓말이라고 나 자신을 속이며 설득했던 것 같다.

아이들의 안정이 최우선이었지만 이 상황을 제대로 설명해 주지는 못했다. 하지만 아빠 회사가 어려워져 이사를 해야만 한다는 사실은 잘 받아들이고 있었다. 그리고 서울에서 꽤 멀리 떨어진 근교에 아무도 모르는 곳을 새로운 터전으로 정했다. 월세로 나름 괜찮은 보금자리를 선택했다.

남편이 1년 정도면 돌아오겠지, 하는 믿음이 있었다. 잘 버틸 수 있을 거란 의지를 갖고 지내기로 마음먹었다. 우리는 새로운 곳에 잘 적응해 가고 있었다.

그러나 평온함은 그리 오래가지 않았다. 어느 날, 모르는 번호로 전화가 오고 한 통의 우편물이 날아왔다. 남편의 사업 관련 채무 20억 원이 내 이름 앞으로 남아 있었다. 기억 저편에서 남편이 내밀었던 서류가 떠올랐고, 남편을 신뢰하여 무심코 서명했던 과거의 내가 미웠다.

남편에게 전화를 걸어도 늘 돌아오는 메시지는 "고객의 사정으로 당분간 전화를 받을 수 없습니다"였다. 그 소리를 들을 때마다 펑펑 눈물을 흘렸다. 원망스러운 마음에 아이들은 뒷전이었다. 큰아이는 그런 엄마를 소리 없이 지켜보고 있었을 텐데 그 마음을 들여다볼 정신이 없었다.

평소 술을 잘 마시지 못했지만, 맨정신으로 잠들지 못해 마시는 날이 잦아졌다. 그러다 보니 아이들이 아침을 거르고 알아서 학교에 가고, 딸아이는 유아채널 TV에 늘 노출되어 있었다. 말 그대로 방치 상태였다. 뭘 어떻게 해야 할지 몰랐고 아무런 의지가 없었다. 솔직하게 엄마라는 사실도 버거웠다. 내 인생이지만 나의 뜻대로 아무것도 할 수 없다는 두려움에 멍했고 울기만 했던 시간이었다. 좌절감에 빠진 어느 날, '내가 죽어야 이 사람이 돌아올까?'라는 생각에 죽는 게 나을지도 모른다는 생각까지 들었다. 그러다 첫째에게 무심코 이렇게 말했다.

"아들. 엄마가 만약에 죽는다면 너희들은 어떨 것 같아?"

지금 생각해도 너무 잔인한 질문을 아이에게 했던 것 같다.

"엄마가 자살로 죽게 된다면 죄책감이 너무 클 것 같아요. 우리들이 엄마를 힘들게 해서 엄마가 그런 선택을 한 거라는 생각이 들어서 평생 죄지은 마음으로 살 것 같아요."

아이의 말에 쿵 하고 가슴이 무너졌다. 자살이라는 구체적인 단어를 쓰지 않았음에도 아이는 엄마가 자살을 생각하고 있었다는 것을, 살고 싶어 하지 않는다는 사실을 알고 있었다. 큰아이를 꼭 안아주었다.

"엄마가 너무 미안해." 그냥 아이를 안은 채로 펑펑

울었다. 실컷 울고 나니 '내가 지금 왜 이런 방황을 하고 있는 거지!' 하는 생각이 스쳤다. 스스로 떠올린 문장에 정신이 번쩍 들었다. 이대로는 무너질 수 없다는 마음이 솟구쳤다.

정신을 바짝 차리고 어떻게든 아이들과 살아낼 방법을 찾아야만 했다. 우선 각종 등기로 온 서류들을 찬찬히 읽어보고 법률사무소를 찾아갔다. 하나하나 현실을 마주하고 해결할 방법을 물어보았다. 20억이라는 빚을 어떻게 해결해야 할지 묻자, 법률 대리인은 '신용불량자'라는 말로 설명을 시작했다.

당분간 내 명의로 사용할 수 있는 것이 사용 불가하다고 했다. 많은 것이 불편해질 것이라 했다. 차라리 불편함이라는 단어가 감사했다. 20억이라는 빚에 억눌리는 두려움과 막막함 앞에 한 줄기 희망이 보였고, 의지가 생겼다. 아이들만 잘 키울 수 있다면 뭐든 하겠다는 마음으로 신용불량자라는 사실을 받아들이고 진행을 의뢰하였다. 그 어떠한 것도 아이들이 있기에 해내야만 했다. 내 삶을 더 이상 불평하지 않고 살아가기로 결심한 시작이었다.

당장 나가는 월세와 공과금, 식비, 이것들을 감당하려면 어느 정도 현금을 만들어야 했다. 앞으로 고정적으로 들어올 수입이 없으니 살림하고 아이들을 키웠던 예전처럼 지내는 것은 불가능했다. 경력 단절과 통장 압류로 계좌를 사용할 수 없었기에 시작할 수 있는 일이 한정적이었지만, 무슨 일이든 두려움은 없었다. 사람들이 힘들어서 기피하는 일이어도 뭐든 마다하지 않기로 했다.

결국 딸아이를 집에 두고 있을 수는 없다고 생각하고 어린이집부터 알아보기로 했다. 다음 날 집 근처 어린이집에 전화를 걸었다. 다행히도 한 자리가 비어 있었다. 딸아이를 맡기고 돌아오는 길에 벼룩시장 전단을 가지고 왔다. 여러 일자리가 있었으나 가까운 곳에 식당 서빙과 설거지 자리를 보았다. 두렵거나 남의 이목이 신경 쓰이지는 않았다. 바로 식당에 전화를 걸었다. 사장님인 듯하였다.

"면접 보러 오세요."

"제 계좌가 사용이 안 되는데, 혹시 일한 것을 현금으로 받을 수 있을까요?"

면접을 보기 전에 먼저 내 상황을 설명해야 했다. 계좌를 쓸 수 없으니 급여를 현금으로 받을 수 있냐고 물었다. 내 절박함이 들렸는지 당장 할 수 있겠냐는 질문부터 하셨다. 기쁜 마음으로 무조건 열심히 하겠다고 했다.

아이들이 학교를 마치고 집에 왔다. 협조를 구해야 한다고 생각했다.

"엄마가 내일부터 일을 하러 가야 해. 저녁 9시에 끝나니까 막내가 5시에 어린이집에서 돌아올 때 마중 나가고 돌봐줘."

"알았어요."

우리 집 경제 상황을 설명하지 않아도 자연스레 받아들이고 도와주는 아이들이 고마웠다. 늦게까지 아이들만 놔두는 것이 걱정되었지만 생계가 절박하다 보니 걱정보다는 믿고 맡기기로 했다. 그래야 마음이 편해져서 열심히 일할 수 있겠다 여겼는지도 모르겠다.

다음 날 아침부터 분주하게 학교에 모두 보내고 저녁 먹거리까지 만들어 놓았다. 집을 정리하고 외출 준비를 마쳤다. 떨리는 마음으로 식당으로 향했다. 젊은 사장님이 계셨는데 일하는 모습을 보고 계속 함께할지를 결정하겠다고 하셨다. 첫날부터 나는 그저 열심히 했다. 살림 경험이 있었고, 대학 시절 다양한 아르바이트를 했던 터라 눈치도 빠르고 일도 잘 따라갔다. 설거지를 끝내면 주방 이모에게 다른 일은 없냐며 도와드리려 노력했다.

퇴근 무렵, 사장님은 매일 현금으로 급여를 지급하겠다고 하시며 일주일에 세 번만 나와달라고 하셨다.

감사한 마음에 몇 번이고 고개 숙여 인사했다. 그리고 사장님은 아이들 챙기라며 정성스럽게 만든 계란말이도 함께 건네주셨다. 그날 처음으로 작은 성공의 뿌듯함을 느꼈다. 24시간 내내 일해도 좋겠다는 생각이 들었다. 불법이나 나쁜 일이 아니라면 무엇이든 해낼 수 있다는 자신감이 생긴 날이었다.

아이들을 안정적으로 키우기 위해선 더 많은 수입이 필요했다. 식당에서 서빙과 설거지 일을 했지만, 마음 한편엔 항상 '이 일만으로는 부족하다'라는 생각이 자리 잡고 있었다. 그러던 중 지인으로부터 학습지 교사를 해보라는 제안을 받았다. 학원을 보내기 어려운 형편인데 노력한 만큼 수입이 생긴다는 말에 마음이 끌렸다. 결국 식당 일을 그만두고 학습지 교사로 새로운 시작을 하게 됐다. 아이들을 가르치는 일은 생각보다 즐겁고 보람 있었다.

하지만 엄마들과의 상담은 절대 쉽지 않았다. 한때 아이 교육에 누구보다 예민했던 엄마였기에 그들의 마음을 이해하지 못하는 건 아니었다. 그래서 더 열심히, 더 꼼꼼히, 아이 한 명 한 명을 살피며 정성을 다했다.

그러다 보니 회원 수가 늘면서 귀가 시간이 늦어졌고, 집 근처 편의점에서 주말 알바까지 시작하게 되었

다. 오전에는 마트, 저녁에는 학습지, 주말엔 편의점. 쉬는 날이 없는 삶으로 이어졌다. 공휴일에는 또 다른 알바를 하며 그렇게 하루 24시간이 모자란 삶을 살면서 시간을 허투루 쓰면 안 된다는 마음으로 늘 쫓기듯 살아냈다.

지쳐서 집에 돌아오면 집 안은 늘 엉망이었다. 아이들에게 집안일과 동생 돌봄을 기대하는 건 내 욕심이었고 무리한 바람이었다. 늦은 밤까지 켜진 TV 앞에서 씻지도 않은 채 잠든 아이들을 보며 설거지와 빨래더미 앞에서 나는 무너질 듯했다. 나도 사람인지라 지쳐만 갔다.

'내가 지금 무엇을 위해 살고 있는 걸까?'

아이들을 위해서였지만 정말 잘하고 있는지 확신할 수 없었다. 삶의 막막함과 불안, 남편에 대한 분노와 그리움이 뒤섞이며 어느 순간엔 감정의 쓰레기통처럼 아이들에게 소리를 질렀다.

"엄마도 없어졌으면 좋겠니?"

아이들은 말이 없었다. 아마도 정말 엄마가 사라질까 봐 두려웠을지도 모르는데 협박처럼 그 말을 뱉고 말았다. 엄마라는 이름으로 사랑을 주어야 했지만 그럴 체력도, 여유도 없던 현실이었다.

우리 가족이 잘 지내기 위해서는 규칙이 필요했다. 나 혼자서 집안일을 감당하기란 너무 힘들고 아이들에게 그 분노가 돌아가니 각자에게 역할을 맡겨야겠다고 생각했다. 그렇게 우리는 집안일을 3개월씩 돌아가며 하기로 했다. 엉망이어도 그렇게 할 수밖에 없었다. 큰아이는 빨래, 둘째는 재활용 및 빨래 개기, 셋째는 설거지, 딸아이는 식탁 치우기, 나는 청소기를 돌리고 아이들이 부족한 부분을 정리하는 것으로 역할 분담을 했다. 퇴근해서 집에 돌아오니 아이들이 환하게 웃으며 내게 와락 안겼다. 그런 아이들을 꼭 안아주며 나는 말했다.

"아이고 우리 아들들 딸~ 엄마 없는 사이에 이런 것도 해놓았네~ 정말 대단하다!"

아이들 모두 각자 맡은 집안일을 잘해놓았다고 칭찬받고 싶었나 보다. 자신들이 해놓은 일들을 자랑하며 서로를 안아주었다. 가슴 깊이 무언가 뜨겁고 단단한 열정이 피어오르는 것 같았다. 아이들도 엄마의 작은 변화를 느꼈는지 서로를 인정하고 칭찬하며 우리는 다시 살아갈 희망을 나누었다.

그렇게 우리 가족은 조금씩 방법을 찾아 나갔다. 이제 나의 하루 24시간은 도전의 시작이 되었다. 두려워하기보단 헤쳐 나가는 마음으로 뭐든 해보겠다는

24시간이 되었다.

"엄마 이제 돈 벌 수 있어! 걱정하지 마. 우리 앞으로 잘살 거야!"

"힘들어도, 너희들만 있으면 엄마는 뭐든지 할 수 있어."

My Story 3

그럴 거면 살림이나 하지

하루를 살아내는 것만으로도 버거운 날들이었다. 식당에서 서빙과 설거지 아르바이트를 시작한 지 2주가 지났지만, 한 달을 다 채워도 월세와 공과금을 감당하기엔 턱없이 부족했다. 네 아이를 책임져야 하는 엄마로서 나는 새로운 돌파구가 필요했다. 그러던 중, 집 앞 식자재 마트에서 운명처럼 구인광고를 보았다.

[오전 9시부터 오후 1시까지 캐셔 구함]

망설이지 않고 이력서를 챙겨 면접을 보러 가는 길 내내 심장이 두근거렸다. 까칠한 말투의 여성 팀장님이 나를 지긋이 바라보며 물었다.

"여기 언니들은 나이대가 높고 기가 센 편이에요. 괜찮으시겠어요?"

이 일이 간절히 필요했고 무서운 것도 없었다. 자신 있게 답했다.

"연배가 높으신 분들이라면 제가 배울 자세로 항상 낮추어서 일하겠습니다. 네 아이들을 키우는 엄마로서 어떤 일이든 최선을 다하겠습니다."

그 말에 팀장님의 미간이 살짝 풀어졌다.

"내일부터 나오세요."

그 순간, 목이 메고 눈물이 날 뻔했다. 오전 시간에 일을 구했다는 기쁨과 안도감은 말로 표현할 수 없었다. 딸아이의 어린이집과 겨우 5분 거리에 있는 직장이었다. 아이들에게도 자연스럽게 새 일을 알렸다.

"엄마가 근처 마트에서 일하게 됐어. 무슨 일이 생기면 언제든지 와도 돼."

"엄마, 그럼 내가 먹고 싶은 게 있을 때 마트로 가면 바로 사줘요?"

셋째아들이 해맑게 물었다. 큰아이는 그런 동생에게 꿀밤을 주었지만 저마다 기뻐하는 모습이 사랑스러웠다. 마트 근무 첫날부터 나는 마음을 다잡았다. 익숙하진 않은 텃새와 날카로운 시선이 느껴졌다. 하지만 나는 '이 또한 감사한 기회'라 여기며 걸레질부터 청소, 사소한 일에 이르기까지 먼저 나섰다. 오전 일자리의 소중함, 그리고 아이들 곁에 있을 수 있다는 사실에 하루하루가 감사했다.

조금씩 업무에 익숙해질 무렵, 마트에서 큰 행사가 열렸다. 깻잎 세 묶음을 천 원에 판매하는 전단이 뿌려졌고, 손님들로 북적였다. 정신없는 와중에 큰 실수를 저질렀다. 한 손님이 깻잎 아홉 묶음을 샀는데, 세 묶음에 천 원씩 총 3천 원으로 계산해야 하는 것을 한 묶음당 천 원씩 총 9천 원으로 잘못 계산한 것이다. 잠시 뒤, 그 손님이 씩씩대며 마트로 다시 들어섰다.

"세상에! 깻잎이 9천 원이라니 말이 돼요? 당장 윗사람 불러와요!"

그 목소리에 계산대 주변 사람들의 시선이 몰려들었다. 당황하여 얼굴이 화끈거렸다.

"정말 죄송합니다. 제가 잘못 계산했어요. 바로 수정해 드릴게요."

"사과한다고 끝나는 일이야? 내가 왔다 갔다 한 시간은 어떻게 할 건데?"

최대한 진심으로 사과했지만, 손님의 목소리는 더욱 높아졌다. 그때 팀장님이 나섰다. 단호하면서도 차분한 목소리로 손님을 달래며 상황을 정리하셨다.

"고객님, 정말 죄송합니다. 우리 막내가 들어온 지 얼마 안 돼서 실수한 것 같아요. 이번 한 번만 너그럽게 봐주시면 깻잎은 서비스로 드리겠습니다."

"다음부터는 실수하지 말아요!"

간신히 상황이 마무리됐으나, 수치심으로 자존심은 바닥까지 내려앉았다. 팀장님의 다정한 위로마저도 그 순간엔 다가오지 않았다. 대학을 졸업하고 학생회장으로 누구보다 당당했던 시절도 있었는데, 단순한 실수 하나로 이토록 부끄럽고 모욕적인 순간을 견뎌야 한다니. 마트 일을 부끄럽게 여기진 않았지만, 그날만큼은 무너지는 마음을 감출 수 없었다. 집으로 돌아오자마자 주저앉아 멍하니 있었다. 그때 큰아들이 조심스레 다가왔다.

"엄마, 무슨 일 있었어요?"

마트에서 있었던 일을 울먹이며 설명한 뒤, 내가 말했다.

"더는 못 하겠어. 내일 그만둔다고 말할 거야."

"엄마, 그 사람에 대해서 알아요? 그냥 어디서 안 좋은 일 있는 걸 엄마한테 화풀이한 걸 수도 있잖아요."

큰아이는 한참 동안 듣더니 조용히 말했다. 순간 머리를 맞은 것처럼 깨달음이 찾아왔다. 그 손님이 왜 그토록 화가 났는지, 무엇 때문에 예민했는지 전혀 알지 못하면서도 말 몇 마디에 마음이 무너져 버렸던 것이다. 첫째의 말이 내 시야를 열어주었다. 어쩌면 나도 그 손님의 상황을 헤아릴 수 있는 여유가 부족했을지도 모르겠다. 다시 마음을 다잡았다.

"실수해도 괜찮아. 내일은 오늘보다 더 잘해보자. 그리고 내가 이 마트의 주인이라는 마음가짐으로 고객 한 사람 한 사람을 좀 더 기억하고 귀하게 대해보자."

그날 이후로 나는 단순히 계산만 하는 것이 아니라, 자주 오는 고객의 포인트 번호를 외워 인사했고, 작은 일에도 정성을 더했다.

"1234번 고객님 맞으시죠?"

"번호까지 외운다고요?"

고객들은 놀라워하는 동시에 반갑게 미소를 지었다. 그러면서 나의 마음은 하루하루, 조금씩 가벼워져 갔다. 열흘 뒤, 그날의 깻잎 손님이 다시 마트에 나타났다. 그 손님께 용기를 내어 계산대에서 박카스를 건넸다.

"고객님, 그때 깻잎 실수한 직원이에요. 제가 미흡해서 죄송했어요."

잠시 멈칫하던 손님은 멋쩍게 웃으며 말했다.

"사실 그날 우리 집 수도계량기가 고장 나서 요금이 엄청나게 나왔거든요. 집에 와서 영수증을 보니 깻잎이 9천 원으로 찍혀 있더라고요. 그걸 보자마자 화가 폭발했어요. 그냥 넘기면 못 받을 것 같아서. 근데 나도 너무 화를 냈던 것 같아. 미안해요. 그 뒤로 괜히 마음이 불편해서 마트에 잘 못 오겠더라고요."

서로 잠시 머쓱하게 웃었다.

"고객님, 혹시 5678번 맞으시죠?"

"어머, 번호도 외웠어요?"

"네, 고객님들을 기억하고 싶었어요. 우리 마트의 소중한 분들이니까요." 나는 덧붙였다.

"그날 이후로 고객님 덕분에 많은 걸 배웠어요. 앞으로는 귀한 고객님이니까 불편해하지 마시고 자주 들러주세요."

서로의 불편함을 함께 나누니 남아 있던 앙금이 스르르 녹았다. 누구나 그날그날의 감정 상태에 따라 실수하거나 상처를 줄 수 있다는 것, 힘든 하루를 보내다 보면 순간 감정이 폭발할 수도 있다는 것, 마트에서의 작은 실수, 아들의 한마디, 그리고 손님과의 화해까지 참으로 많은 것을 배웠다.

남편이 떠난 뒤 현실을 받아들이면서 달라진 내 삶의 태도가 고스란히 담긴 그날의 사건. 그날의 경험은

그날의 경험은 여전히

내 마음속에 생생히 남아 있다.

내게 삶은 거창한 성공이나

기적이 아니다.

깻잎 몇 묶음에도

배움과 감사가

숨어 있다는 걸 깨닫는 것,

그 모든 작은 일상들이야말로

나를 더 단단하게

만들어주는 힘이었다.

"조금 서툴러도 괜찮아.

하루 끝에 내가 아이들에게

떳떳하다면 그걸로 충분해."

여전히 내 마음속에 생생히 남아 있다. 내게 삶은 거창한 성공이나 기적이 아니다. 깻잎 몇 묶음에도 배움과 감사가 숨어 있다는 걸 깨닫는 것, 그 모든 작은 일상들이야말로 나를 더 단단하게 만들어주는 힘이었다.

"조금 서툴러도 괜찮아. 하루 끝에 내가 아이들에게 떳떳하다면 그걸로 충분해."

나는 오늘도 힘차게 시작한다. 어제보다 조금은 단단한 마음으로, 그리고 더 많은 사람들을 따뜻한 시선으로 바라보며 내 몫의 하루를 살아간다.

My Story 4

아빠 없는 아이여도 잘 클 수 있습니다

인터넷 구직사이트 잡코리아에 들어가니 집 근처 용역회사에서 사무직을 구하고 있었다. 바로 이력서를 보냈고, 면접 통보를 기다렸다. 결혼할 때 남편이 사주었던 정장을 꺼내 입어보니 딱 맞았다. 기분 좋게 면접을 보러 갔고, 그곳이 지금까지 이어진 내 직장의 시작이었다.

면접관은 내게 물었다.

"아이들이 넷인데 일이 늦게 끝나면 어떻게 하시려고요?"

"남편분 직업은요? 많이 도와주시나요?"

"아이가 많아서 맞벌이가 필수겠네요?"

그 질문이 불편하다기보다는, 아이가 네 명이라 혹

시 집안 사정으로 일에 지장을 줄까 염려하는 모습으로 느껴졌다. 면접관을 안심시키기 위해서 사실 거짓말을 했다. 생계를 위해서는 경제적인 자립이 먼저였기에 자연스럽게 말했다.

"집 근처에 친정엄마가 살고 계세요. 그래서 아이들 문제로 인한 어려움은 크게 없습니다."

안심하는 듯한 표정이 느껴졌다. 곧바로 컴퓨터를 가리키며 나에게 견본 서류 한 장과 똑같이 작업을 해보라는 실습 면접이 이어졌다. 컴퓨터를 전공했지만, 오랜만이라 떨려서 작업을 어찌 마쳤는지 모르겠다.

일상으로 복귀하고 합격 연락만을 기다렸다. 그런데 일주일이 다 되어도 소식이 없었다. 결혼 이후 나의 경력은 잡다하게 많았지만 용역회사는 처음이었고, 사무직으로의 출발은 쉽지 않을 거라는 생각에 우울해졌다. 정확히 8일째 되는 날 기다리던 연락이 왔다. 출근하라는 것이었다.

첫 출근 날, 인수인계는 단 하루였다. 당황한 것도 사실이었지만 그래도 자신 있었다. 마트에서의 경험 덕분에 사람들의 얼굴과 이름을 외우는 게 익숙했고, 직원들도 편하게 대해주었다. 현장 직원들의 인사 관리를 맡으며 역동감이 느껴지는 사람들의 삶 속에서 함께 숨 쉬는 이 일이 매우 좋았다. 사회에서 자립을 시작하며 아이들도 제각각 잘 커가리라 믿고 있었다.

하지만 셋째아이에게 문제가 생겼다. 아빠의 빈자리를 크게 느끼고 있던 아이의 반항이 시작되었다. 학교 수업 시간에 담임선생님의 말꼬리를 잡고 늘어진다고 했다. 아이가 학급회장이었는데 선생님과 갈등이 있었던 것이다. 상담을 받고 아이와 집으로 돌아오는 길에 물어보았다.

"아빠가 많이 보고 싶지?"

그 말에 아이는 펑펑 울었다. 나는 아이에게 말했다.

"보고 싶은 건 당연한 거야. 엄마도 많이 보고 싶단다. 아빠가 못 돌아오시는 이유가 분명 있을 텐데… 우리 아들, 그때까지 씩씩하게 아빠 기다리고 있을까?"

며칠 뒤, 셋째는 야구클럽 전단을 가져왔다.

"이거 하고 싶은데 할 수 있어요?"

아빠에 대한 그리움과 사춘기, 반항심, 꿈을 향한 마음이 그 한마디에 다 녹아 있었다. 그러나 셋째만 하고 싶은 것을 시킬 수가 없어서 아이들을 데리고 상담을 받아보니, 첫째에게 야구에 대한 감각이 있었다. 좋아하는 운동을 하면 건강은 물론, 밝은 생각과 꿈이 생길 거라는 막연한 기대감으로 야구를 시작하게 되었다. 그렇게 첫째와 셋째의 야구 뒷바라지로 하루가 더 바빠졌다. 총무 역할을 맡아 행정도 도왔고, 아이들은 누구보다도 열심히 연습했다.

그런데 1년 후, 친선 경기에서 문제가 생겼다. 큰아이가 타자였는데 상대편 투수가 공에 맞아 눈이 함몰되고 코뼈가 주저앉아버렸다. 119로 바로 실려 갔으나 프로 경기에서도 잘 안 일어나는 위급한 상황이라는 감독님의 말씀에 가슴이 내려앉았다. 상대편 아이의 어머니를 보자마자 미안함에 눈물이 흘렀다. 내 마음속 깊은 곳에서는 첫째가 다치지 않아서 다행인지도 모른다는 생각도 있었을 테다. 그런 마음 때문인지 그 어머니에게 너무나도 미안했다. 눈물이 멈추지 않았다.

그 사건 이후, 큰아이는 트라우마가 생겼다. 게다가 발목 부상으로 인대 한 줄이 파열되었다. 수술해도 나아질 인대가 아니라는 사실에 선수 생활을 유지할 수 없었다.

"엄마, 야구는 아닌 것 같아요. 프로로 갈 수 있는 것도 아니고요. 더 이상 돈 낭비하고 싶지 않아요. 학교에 간다고 해도 꿈이 당장은 없으니, 일을 해서 돈을 벌고 싶어요."

첫째는 운동을 그만두겠다고 했다. 야구를 사치라

여겼고, 병원비로 지출한 비용을 본인이 책임져야 한다고 생각한 듯했다. 거기다 프로가 되기에는 현실적으로 어렵다는 판단이 있었다. 엄마인 나는 그저 마음이 아팠다. 아이는 자퇴를 선언했고, 이미 마음을 정해서인지 아침마다 학교에 가지 않는 아이를 강제로 끌어낼 방법이 없었다. 눈물로 호소를 했지만, 믿어달라는 아이의 말에 결국 내가 한발 물러섰다.

결국 학교를 그만두고 바로 아르바이트를 시작했다. 하루에 10시간씩 버거킹 아르바이트와 택배 분류일을 하는 모습을 보며 말없이 눈물을 삼킬 수밖에 없었다. 첫 월급을 받은 큰아이는 제일 먼저 동생들 휴대전화를 해주었다. 월급은 모두 나에게 맡겼고, 용돈을 받아도 먼 길을 걸어서 혹은 자전거로 다녔다. 교복을 입은 또래 아이들을 볼 때마다 마음이 저렸지만, 첫째는 누구보다 강한 생활력과 폭넓은 삶을 바라보는 청년으로 자라고 있었다.

그런 아들이 지금은 자랑스러운 대한민국의 군인으로 멋지게 생활하고 있다. 얼마 전 아이가 내게 이런 말을 해주었다.

"엄마, 군대에서 〈폭싹 속았수다〉라는 드라마를 봤어요. 엄마 생각이 나서 엄청 많이 울었어요. 옛날 세대 부모님들도 나름대로 최선을 다해 자식을 키웠더라고요."

그 말에, 드라마를 보지 못했던 나는 "어떤 배우가 엄마랑 비슷해서?"라고 물었다.

"아니 비슷한 게 아니라 그냥 엄마라는 삶이, 그냥 엄마가 생각나게 하더라고요. 한번 꼭 보세요~ 인생 드라마야~"

어느새 엄마를 이렇게 많이 생각하고 든든한 버팀목으로 자라주었는지, 나라를 지키고 있는 아들을 생각하는 것만으로도 흐뭇하고 감사한 마음이다.

난 아이들에 대한 믿음과 신뢰가 남다르다. 남편의 빈자리가 오히려 잘 커갈 수 있는 비료가 되었다. 책임감과 성실을 몸으로 직접, 단단하게 배웠을 우리 가족들이다.

결코 내가 대단한 사람은 아니다. 상심한 상태로 멍하니 있기보다는, 그저 일을 하고 네 명의 아이를 키우며 매 순간 닥치는 일들을 하나씩 해결하며 살아왔을 뿐이다. 힘든 시기가 없었다면 거짓말이다. 남편이 곁에 없던 시간은 외롭고 처절했다. 하지만 나는 힘든 일이 오지 않기를 바라기보다는 그 힘든 일을 이겨낼 힘을 달라고 기도했다. 언제나 최선을 다하다 보면 결국엔 나만의 삶을 살아낼 수 있다고 믿었기 때문이다.

'다시 돌아간다면, 더 잘할 수 있을까?'

물론 아쉬움은 있다. 하지만 그때의 나는 늘 최선을 다했고 그래서 후회는 없다. 아이들을 믿고 그 과정을 서로의 사랑으로 이겨낸다면, 당당하게 아이들을 잘 키워낼 수 있다고 말해주고 싶다. 아이들이 꼭 공부를 잘해서만은 아니다. 좋은 대학을 나와서도 아니다. 아이들이 '엄마'라는 존재로 나를 믿어주었기에 그 자체로 충분하다.

아무리 열심히 살아도 누구에게나 좌절을 겪는 일이 생기기 마련이다. 그 과정에서 나는 아이들과 함께 이겨내는 법을 배웠으며 '감사'를 배웠다. 한때는 누구보다 원망스럽고 모든 게 남편 탓이라 여기며 좌절하고 미워한 적도 있다. 하지만 내가 살아남기 위해 선택한 건 원망보다는 나 자신을 돌아보는 일이었다. 그래서 어느 순간 '때문에'가 아닌 '덕분에'라고 마음을 바꿔볼 수 있었다.

크게 아프지 않고 건강하게 잘 자라준 네 명의 아이들, 그들은 내게 생명의 원천이자 삶을 지탱해 준 소중한 존재들이다. 아이들에게 사랑을 잘 표현하지는 못했지만, 살아온 과정에서 나는 사랑을 온몸으로 표현했다. 방법이 부족했겠지만, 나만의 방식으로 행동하면 아이들은 그 사랑을 직접 눈으로 보고 자랄 거라 믿어왔다.

　한 부모가 되었지만 나 자신을 돌아보며 올곧은 방향으로 아이들에게 기다림과 성실로 최선을 다한다면, 아이들은 방황해도 다시 자기 자리로 돌아와 제 몫을 해내며 잘 자랄 것이다.

My Story 5

말하지 않아도 이해받는 세상

나는 엄마이고 한때는 아내였지만 지금은 독립적인 인간이다. 그리고 무엇보다 그 모든 이름 앞에 '나'라는 사람이다. 누구의 보호자도 누구의 딸도 아닌 온전한 나. 하지만 그런 나를 바라보기보다는 오랜 시간 동안 '누구보다 열심히 잘 사는 모습'을 보여주기 위해 애썼다. 따뜻한 집, 반듯한 아이들, 바지런한 아내, 살뜰한 며느리. 그 모든 걸 완벽하게 해내며 사는 삶이 어깨를 펴게 해주고 나를 증명해 주는 줄 알았다.

그건 나를 위한 삶이 아니었다. 욕망이기도 했으며, 동시에 남이 바라보는 세상의 잣대대로 늘 타인의 평가 위에 세워져 있었다. 그 위태로운 기준은 언제든 무너질 수 있었다. 남편의 회사가 부도나고 삶이 송두리째 흔들릴 때, 나는 비로소 그것을 하나하나 깨달아 가는 과정을 겪게 되었다. 남편이 곁에 없을 때 정말 외롭고, 억울하고, 지독히도 그리웠던 건 '보호받고 이해받고 싶은 존재'였기 때문이다. 어찌 보면 나약한 나였다. 누구든지 그 아픔에 대해 묻지도 따지지도 않고 괜찮다고 위로해 주길 바랐다. 말로 하지 않아도 그냥 "당신 많이 힘들겠다~ 당신 잘못이 아니다"라고 말해줄 그 한마디가 필요했는지도 모르겠다. 하지만 그 말을 해줄 수 있는 것은 사실 나 자신밖에 없었다.

   삶은 내 뜻대로 풀리지 않았지만, 아이러니하게도 그 덕분에 지금의 내가 되었다.

   일자리는 넘쳐도 일할 사람은 없고, 모두가 돈을 원하지만 정작 몸 쓰는 일은 기피한다. 나는 그런 일들도 귀하게 여겼다. 그저 일을 할 수 있는 것에 진심으로 감사했다. 한부모 가정의 가장이 되고 보니 세상에 드리워진 많은 편견이 눈에 들어온다.

   나는 현재 용역 위탁 회사에서 근무하며 현장을 관리하는 관리자이다. 이곳은 정말 숨 가쁘게 돌아간다. 시간과의 싸움 속에서 하루하루를 쪼개가며, 모두가 각자의 몫을 책임지며 열심히 살아간다. 그들을 볼 때마다 내가 살아온 인생 같아서 안쓰럽기도 하고, 대단하다고 여겨지며 존경스러운 마음이 든다. 한 사람, 한 사람이 참 귀하기에 그 존재만으로도 소중한 사람들이라 이 일의 값어치를 매길 수 없다. 고맙게도 지금의 대표님도 그런 가치를 알고 계시는 분이다.

대표님은 종종 이렇게 말씀하신다.

"우리는 돈을 벌기 위해 나왔지만, 부정적인 생각으로 일하면 좋은 일이 생기지 않아. 같은 일을 하더라도 누군가는 웃으며, 누군가는 짜증 내며 한다면, 결과가 누구에게 더 좋을까? 선택은 결국 자기 몫이야."

그 말이 깊게 스며들었다. 그래서 실천하고 싶었다. 소통의 방법으로 택한 것은 새벽 문자였다. 내가 직원들에게 보낸 문자는 이러했다.

"굿모닝입니다. 5시부터 일어나 무슨 메시지로 힘을 전해드릴까? 고민되는 아침입니다. 리크루트의 조사에 따르면, 우리나라 청년들이 학교를 졸업하고 직장에 처음 들어가면 95%의 사람들은 실망하게 된다고 합니다. 맡겨진 일이 자신의 기대와 크게 다르기 때문이라고 하네요. 전략 기획실이나 국외 법인 등에 발령을 받아 머리를 쓰며 일할 거라고 기대한 것과 달리, 현실은 너무 단순하거나 반복적인 일을 하게 된다는 거지요.

복사 심부름이나 상사가 시킨 허드렛일을 하면서 "내가 이런 일을 하려고 취직을 한 것은 아니다"라고 불평을 한다고 합니다. 물론 이런 불평을 하는 사람들의 주장이 틀렸다고 단언할 수는 없겠지만, 분명한 것은 작은 일에 최선을 다하지 않거나 하찮게 여기는 사람에게는 상사나 조직은 더 큰 일을 맡기지 않는다는 점입니다. 대부분의 사람은 허드렛일을 시키면 기분 나빠 하죠. 학력이 높은 사람일수록 그럴 확률이 높다고 합니다.

그러나 작은 일이라고 해서 하찮게 여긴다면, 결코 큰일을 맡을 수 없습니다. 미국 국무장관을 지낸 콜린 파월의 말을 늘 상기할 필요가 있습니다.

"모든 일은 나름의 가치가 있다. 어떤 일에서나 최선을 다하라. 누군가가 나를 지켜보고 있다는 사실을 명심하라."

여러분들이 하는 일은 절대 작지 않으며 절대적임을 잊지 마시고, 귀한 여러분들이 계셔서 이곳이 운영됨을 잊지 마십시오. 늘 감사합니다.^^"

하루를 여는 시간, 이른 새벽 출근길에 나선 직원들에게 고마운 마음을 담아 매일 메시지를 전했다. 안전사고와 뗄 수 없는 현장이었기에 그들에게 진심을 전하고 싶었다. 그렇게 매일, 작은 위로와 응원을 전하다 보니 작아 보이던 일들이 가치 있게 느껴졌다.

말하지 않아도 서로를 알아봐 주는 사회를 소망해 본다. 함께 일하는 직원이 말 많고 부정적이라면 그의 내면을 상상해 본다. 그 사람의 말 속에 알 수 없는 두려움이 깊이 깔려 있을지 모른다. 갑자기 세상에 버려진 채로 현실을 살아야 했던 예전의 나처럼 말이다. 그런 생각을 하면 누군가를 함부로 미워할 수 없다.

우리가 겪은 고통이 곧 우리를 단단하게 만들지만, 그 단단함이 타인을 향한 편견이 되어선 안 된다. 나는 이혼을 겪고 나서야 진짜 '나'라는 존재가 보이기 시작했다. 그전엔 아이와 가족, 사회적 역할 속에 파묻혀 살아왔다. 하지만 이제 조금 알 것 같다.

먼저 자신을 이해하고 다독여야 그때야 비로소 누군가의 말 없는 아픔도 보이기 시작한다. 우리는 어릴 적부터 정답을 요구받는 질문만 배워왔다. "어디 대학에 들어갔니?", "어디 취업했어?", "결혼은 언제 할 거니?" 같은 질문들.

하지만 정작 "요즘 네 마음은 어때?"라고 묻는 사람은 드물다. 그래서 우리는 늘 타인의 기준과 잣대가 중요했는지도 모르겠다.

묻지 않아도, 말하지 않아도, 그냥 묵묵히 지켜봐 주는 것만도 내 안의 불편함이 조금은 사그라지지 않을까? 누군가 안부를 물어봐 주고 따뜻하게 등 한번 쓸어주는 위로. 우리는 그런 사회 안에서 진정한 삶의 가치를 느끼게 될 것이라 믿는다.

행복은 말로 설명하는 것이 아니라, 묵묵히 곁에 있어 주는 태도에서 온다고 믿는다. 언젠가 아이들에게도 그런 사람이 되고 싶다. 말하지 않아도 마음을 이해해 주는 엄마. 조언보다 먼저 안아주는 어른. 결국 말하지 않아도 이해받는 세상은 거창한 이상이 아니라 우리가 서로에게 조금 더 마음을 내어주는 일상의 태도에서 시작되지 않을까?

한부모 가정의 삶은 어쩌면 눈에 보이는 것보다 팍팍할 것이다. 물론 그 안에서 끊임없이 행복을 찾고 또 위기를 느끼며 살아간다.

김태영 작가 약력

- 현 우지기업(주) FM사업본부 차장
  - 안전한 현장을 관리하는 운영 관리자
- 현 (김경옥 대표님) 꿈꾸는 다이어리 카페 운영

버려짐의 늪, 나에게 답이 있었습니다

강은영

My Story 1

버려짐의 늪에서
빠져나오기로 했습니다

최근 몇 년 동안 부부 문제를 다루거나 아이의 문제행동을 들여다보며 해결책을 제시하는 프로그램이 유행하고 있다. 전문가가 등장하여 부부나 아이들의 상황을 지켜보다가 이런 질문을 하기도 한다.

"어머님, 아버님, 혹시 어렸을 때는 어떠셨어요?"

그러면 몇몇 부모 혹은 부부 당사자들은 어릴 적 기억을 더듬어 고통스러웠던 과거에 관해 이야기한다. 그들을 보며, 어린 나이에 겪었던 상처가 성인이 되어서까지 따라다니는 것을 깨닫게 된다.

내게도 그런 사연이 있다. 바닷속처럼 깊고 짙은 파란색, 밤하늘보다 더 진한 남색.

나는 그 색을 싫어한다. 언제부터였을까? 아주 짙은 남색을 보면 가슴이 답답하고, 숨을 크게 한번 쉬고 싶고, 그 색에서 멀리 떨어지고 싶었다. 답답하고 싫어서 가까이하지 않았다. 이유도 궁금하지 않았고 그냥 그 색을 멀리했다.

어느 날 색채 심리 치료 강의를 하는데 내가 싫어하는 색이 나왔다. 짙은 남색을 한참 보고 있으니 어떤 형태가 생각났다. 그 형태는 네모난 것이었고, 차츰 기억을 더듬어 어린 시절을 소환해 보니, 한 가지 기억이 떠올랐다. 짙은 남색 대문. 어린 시절 할머니랑 살던 집의 대문 색이었다.

부모님이 경제적으로 힘들었던 시절, 나는 할머니 손에서 어린 시절을 보냈고, 엄마 아빠는 일주일에 한번 나를 보러 오셨다. 그리 긴 시간은 아니었던 것 같은데 지금도 뚜렷하게 기억하는 말이 있다.

"할머니 오늘 공장 안 가. 그러니까 걱정하지 마."

"진짜야? 오늘 공장 할머니만 가면 안 돼. 나 혼자 두고 가지 마."

"그럼! 할머니 공장 안 가. 걱정하지 마."

그리고 어느 순간 보면 할머니는 없었다. 아무 소리도 들리지 않았다. 내가 다른 것에 정신이 팔렸을 때

할머니가 몰래 빠져나간 것이다. 어린 나는 눈물샘이 터졌다. 아무리 할머니를 불러도 할머니는 없었다. 하염없이 문을 두드렸다. 문은 잠겨 있었고, 짙은 남색 문을 작은 손으로 계속 두드리며 울고 또 울었던 기억만 남아 있다.

할머니는 어린 나를 데리고 갈 수 없었지만 보호하고 싶었던 거다. 그래서 오늘 공장에 가지 않을 거라고 날 안심시키고, 최대한의 보호로 문을 잠그고 가신 것이다. 그러나 어린 날의 기억은 내 가슴에 무서움과 두려움, 불안함으로 남았고, 할머니가 날 버리고 떠났다고 생각하게 되었다.

앞서 이야기한 TV 프로그램의 당사자 혹은 부모들처럼, 그 불안함은 내가 성인이 되어서도 인간관계에 영향을 미쳤다. 버려질지도 모른다는 막연한 두려움 때문에 인간관계가 늘 불안정했다. 대학원에 가서 상담 공부를 하며 알게 되었다. 학창 시절에는 영문도 모르고 나의 불안이 어디서 오는지 가늠할 수 없었다. 그러다 차츰 어린 시절의 경험에서 온 사고와 감정이 다른 인간관계는 물론, 지금의 결혼 생활에 엄청난 영향을 끼치고 있음을 자세히 알게 되었다.

절대 나를 버릴 것 같지 않은 사람. '나를 이렇게

사랑해 주는 사람은 앞으로 단연코 없을 거야.' 내가 결혼을 결심한 가장 큰 이유였다. 그와 나는 스물두 살에 만났고, 사귄 지 6개월 만에 그는 군대에 갔다. 3년 내내 거의 매일 편지를 보내왔고, 그의 편지 안에는 따뜻함과 자상함, 사랑이 들어 있었다. 나는 그를, 그도 나를 진심으로 사랑했다.

아들이 다섯 살이 되던 결혼 생활 8년 차 때였다. 보통의 부부들처럼 갈등의 시간이 길어질 때쯤 비상구가 필요했다. 무엇이 됐든 신경을 다른 곳에 써야지 버틸 수 있을 것 같았다. 그렇게 대학원을 선택했다. 상담 공부에 마음이 끌렸다. 상담심리치료학과에 지원했고, 운 좋게 합격했다. 공부라도 해야지 숨을 쉴 수 있을 것 같았고, 상담 공부를 하면 그와 나의 결혼 생활의 갈등을 해결할 방법이 보일 것 같아서 그 과를 선택했다.

하지만 그런 노력에도 불구하고 그가 집을 나갔다. 우리의 15년 결혼 생활의 끝은 '헤어지자'라는 네 글자의 문자였다. 비가 많이 와서인지 낮인데도 어두운 날이었다. 캄캄한 방 안에 아들과 나는 누워 있었다. 보지도 않는 드라마 소리와 아들의 게임기 소리가 시끄러웠지만, 방 안은 적막했다.

남편의 자리만큼 덩그러니 비어 있는 방 안을 보고 있으니, 어릴 적 대문을 잠그고 사라진 할머니와 그가 오버랩되었다. 나는 버려진 존재였다. 매달리고 싶었다. 세상에서 가장 사랑해 주는 단 한 사람으로 남아달라고, 나를 끝까지 붙들어 달라고 매달리고 싶은 마음이 눈물로 흘러나왔다. 눈물이 멈추지 않았다. 손으로 눈물을 닦아내기에는 역부족이라 끝내 일어나서 휴지를 꺼냈다.

"엄마, 드라마가 슬퍼? 왜 울어?"

조용히 손으로 눈물을 닦을 때는 눈치 못 채더니, 일어나 휴지를 꺼내니 아들이 물었다. 드라마를 끄고, 방의 불을 켰다. 질문에 답이 없자, 아들은 게임기를 내려놓았다. 나를 계속 주시하는 아들과 시선을 맞추지 못한 채 말했다.

"이제 엄마, 아빠 같이 안 살 것 같아."

무방비 상태에 있던 아들에게 갑자기 말했다. 말하는 순간 스스로 깜짝 놀랐다. 마음속으로는 매달리고 싶어 죽겠는데, 그 어떤 결정을 내린 것도 아닌데, 나도 모르게 말이 먼저 불쑥 튀어나왔다. 아들은 곧 울 것 같은 표정을 짓더니 고개를 푹 숙이며 말했다.

"아… 나한테 말하지 말지."

나도 같이 고개를 푹 숙이며 크게 한숨을 쉬었다. 아들도 나도 조용히 가만히 있었다.

긴 적막을 깨뜨리는 아들의 말소리가 들렸다.
"진짜야?"
아들의 질문에 대답을 못 하고 우물쭈물했다. 그 순간 내 마음에 질문 하나가 들어왔다.
'"진짜야!"라는 간단한 한마디가 왜 바로 나오지 않을까? 나는 지금의 결혼 생활이 불행한데 왜 이 끈을 놓지 못하고 있지?'
대답을 기다리는 아들에게 답은 바로 하지 못하면서, 마음속에서는 꼬리에 꼬리를 무는 질문이 끝없이 이어졌다. 대답하지 않자 아들도 조용해졌다. 아들의 바지에 눈물이 뚝뚝 떨어졌다. 아들을 앉혀 손으로 눈물을 닦아주고, 깊고 깊은 질문의 길을 따라 내 마음 안으로 걸어 들어가며 아들의 등을 다독여줬다.

결혼 생활이 불행한데도 불구하고, 왜 계속 이어가고 있는지 질문했다. 마지막 질문에 대한 답은 '버려질까 봐 불안해서 결정하지 못했구나'였다.

마음속으로 계속 되뇌는 말이 있었다. 남편에게서 버려지는 것 같은 기분이 자꾸 어린 시절을 떠올리게 했다. 할머니가 길을 나선 파란 문 앞에서 홀로 펑펑 울고 있던 다섯 살의 내가, 이혼 앞에 서 있었다. 여전히 그때의 상처 때문에 더 자라지 못한 어린 나를 마음에 품고 살았다. 버려질까 봐 노심초사했고 불안함이 앞을 가려, 성인의 나는 더 성장할 기회를 놓친 것만 같았다.

버려짐이 두려워 더 나은 삶을 위한 이별의 선택을 미루기엔, 지난 몇 년의 부부 생활은 쓰라리게 아픈 시간이었다. 혼자일 때보다도 둘이 있을 때 더 외롭고 더 아픈 시간이 길었다. 똑같이 외롭고 아프다면 다툼 없이 편안하게라도 살고 싶었다.

남편은 할머니가 아니다. 나도 할머니가 아니다. 자꾸만 오버랩되는 상황을 벗어나고자 계속 되뇌었다. 지금 그는 날 버리고 간 것이 아니며 나도 아들을 버리지 않았다. 그 누구보다도 아들을 사랑하고, 버리지 않고 책임질 수 있었다. 둘일 때도 아들은 나 혼자 키우다시피 했다. 심지어 최선을 다해 열심히 잘 키웠다. 이혼 후 결과가 똑같다면 이제는 다툼이 없는 편안한 삶을 선택하고 싶었다.

버려짐에 대한 불안으로 가득했던 어린 시절의 나로 그만 살고 싶었다. 난 이미 성인이 되었고, 내 삶을 내가 내 손으로 선택할 수 있는 나이였다.

누군가는 "아들에게 슬픔을 대물림하지 않으려면 이혼하지 말고, 문제를 해결하고 잘 살아야 하는 것 아닐까?"라는 질문을 던질 수 있다. 그러나 두 부모가 있어도 냉랭하기만 한 가정에서 그만 살게 해주고 싶었다. 마음이 편안해야 아들에게도 잘해줄 수 있을 것만 같았다. 이제 편안하게 자유롭게 선택하는 주체적인 삶을 아들에게 대물림해 주고 싶었다. 이제 한 부모이지만 다툼 없이 편안한, 하나밖에 없지만 늘 따스한 부모가 될 자신이 있었다.

나도 모르게 아들에게 툭 내뱉은 이혼이라는 단어는 성인이 된 나의 현실을 알아차리게 해주었고, 결심이 되어 돌아왔다. 얇고 가느다란 끈을 붙잡고 누군가에게 버려질 것 같은 불안함에 떠는 다섯 살 어린아이는 마흔이 되어서야 알았다. 내 삶과 너무 오래되어 한 몸이 되어버린 버려짐의 늪. '이제, 내 발로 걸어 나가자. 그래, 편안하게 살기라도 하자. 어차피 외롭고 불안한 건 혼자나 둘이나 똑같다.'

"그래, 그만하자. 헤어지자."

그에게 문자를 보내고 아들을 꼭 안아주었다. 그리고 아들의 눈을 보고 말했다.

"미안해, 눈물 나게 해서. 이제는 눈물 안 나게 할게. 엄마, 아빠가 따로 산다고 해도 너를 버린 것은 아니야. 아빠도 너를 버린 것이 아니고, 엄마 역시 그렇고. 엄마 아빠 서로 그만 싸우려고 서로가 편안해지려고 따로 사는 거야. 엄마는 너 안 버리고 끝까지 책임지고 열심히 살 거야."

아들이 어떻게 받아들일지는 몰랐지만 그래도 한번 더 아들을 깊게 안아주었다. 마흔이 되어서야 이제 겨우 버려짐의 늪에서 스스로 걸어 나왔다. 그제야 훅 커버린 나를 발견하였다.

My Story 2

아이를 위해,
아이를 홀로 두고 출근했습니다

"엄마, 이제 여기가 우리 집이야? 엄마랑 둘이?"

깨끗한 집이 마음에 들었는지 아들이 웃으며 말한다. 아들과 둘이 살 작은 빌라로 이사를 했다. 이사 전날 이삿짐을 싸는데 난감한 일이 한 가지 있었다. 그가 버려두고 간 짐. 그는 아주 가볍게 가방 하나만 챙겨 갔고, 집에는 그가 두고 간 흔적들이 많았다. 그것들을 모두 다 버려야 할지, 정리해서 어딘가에 보관해야 할지 결정해야 했다. 오랜 고민 끝에 짐을 보관한다는 것이 마치 기다리는 모양 같아 정리하고 떠나기로 했다. 골목에 버려진 그의 흔적을 뒤로하고 차에 탔다. 거울로 잠시 뒤를 보니, 위로 살짝 고개를 내민 결혼사진 액자가 "잘 가" 하고 인사를 한다. 허전함과 동시에 시원한 마음이 들었다.

이삿짐을 모두 정리한 깔끔한 집을 보니 아들과 둘만 살게 된 공간이 현실로 다가왔다. 책임감의 새 옷을 꺼내 단단하게 입어야 했다. 책임감이라는 옷의 첫 번째 단추는 돈이었다. 양육비는 처음부터 기대도 안 했다. 양육비 문제로 연락하지 않은 단 하나의 이유? 또 싸워야 하니까. 지긋지긋한 마음의 피곤함 대신 육체의 피곤함을 선택했다.

수입이 어느 정도 있으면 한부모 가정 지원금을 받을 수 없었다. 상상을 뛰어넘을 정도로 아주아주 적은 최소 단위의 수입이어야 받을 수 있었다. 25년 동안 교육회사 일과 미술치료사 일을 해왔지만 수입이 불규칙했다. 특히 상담사로 일을 하면 안 될 것 같았다.

'이혼한 주제에 무슨 상담사. 실패자가 누구의 마음을 치료할 수 있겠니?'

실패자 딱지가 이마에 붙어 떨어지지 않았다. 깔끔하게 하던 일을 다 포기했다. 양심에 찔리지 않는 직업, 고정적인 월급과 탄탄한 정규직이 필요했다.

저녁 9시. 동네 빌라 골목 끝에서 수업을 마치고 나올 선생님을 기다리며 생일 초를 준비했다. 겨울이 오는 가을밤이었고 쌀쌀한 바람이 불었다. 선생님이 나오는 것을 보며 서둘러 초를 켜고 생일 축하 노래를 불렀다.

"생일 축하합니다. 생일 축하합니다. 사랑하는 ○○ 선생님의 생일 축하합니다~ 짝짝짝!!"

우리 엄마, 아빠에게도 한 번 해본 적 없는 서프라이즈 생일 축하 이벤트였다. 선물과 케이크를 전해 드리고 버스를 놓칠까 봐 부랴부랴 뛰었다.

3월, 아들은 초등학교 3학년이 되었고, 나는 한 지점의 팀장으로 승진했다. 빛 좋은 개살구라는 말처럼 이름은 '팀장'이지만 자세를 낮추고 선생님들을 위해 봉사하는 마음이 필요한 일이었다. 정규직으로 안정적인 자리였지만, 선생님들을 관리 지원하며 다른 사람들에게 모든 것을 맞춰야 하는 자리였다. 프라이드가 강한 교사였다가 갑작스레 둥글둥글한 성격의 가면을 써야만 하는 어려운 자리였다.

누구나 사회생활을 위해서는 원래 성격과 다른 일도 척척 해내야 한다. 낯가림이 심한 편이었지만 들키면 안 되었다. 객관적인 사실을 바탕으로 솔직함과 직선적인 언어로 부모들에게 인정받던 교사였지만, 팀장이 되면서 애교와 다정함이 필수가 되어버렸다. 가장 힘든 것은 시원하리만큼 톡 쏘는 특유의 말투를 조심하면서 긍정과 칭찬을 가득 담아 보내는, 나답지 않은 스킬을 써야만 하는 일이었다.

쉽지 않았다. 하지만 나는 지켜야 할 가족이 있었다. 단 하나의 가장 귀하고 애틋한 아들. 더럽고 치사해도, 멋지게 그만둘 수 있는 상황이 아니었기에 단단히 가면을 써야만 했다.

선생님들의 생일 파티 후 늦은 밤 10시 30분. 귀갓길 버스에서 내리면 깜깜한 밤하늘의 별과 가로등 불빛이 나를 기다리고 있었다.

'무슨 부귀영화를 누린다고. 세상 돈 내가 다 버는 것도 아닌데.'

작은 돌멩이를 발로 툭툭 차며 걸었다. 외롭고 쓸쓸한 골목길 끝. 1층 빌라 문을 열고 들어가면 어질러진 거실에서 아이가 자고 있었다.

한숨이 나왔다. 한숨 끝에 온갖 부정적인 생각이 터져 나오려 했지만 잠시 생각의 불을 껐다. 그래야 했다. 스스로에 대한 비난이 쏟아져 나올 것이 분명했기 때문이었다. 거실을 대충 정리하고 아들을 깨워 방에 눕히고 이부자리를 정리해 주었다.

한 부모에게 가장 힘든 것이 무엇인가. 육체적으로

힘든 것을 나눌 수 있는 누군가가 없다는 것이다. 그보다 더 힘든 것은 고충을 나눌 전우도 없다는 것. 내 일을 미룰 수 있는 것도 아니다. 혼자서 감내하며 해야 하는 것들이 매일매일 쌓여만 갔다.

그보다 더 두려운 것은 틈나면 밀려오는 죄책감과 앞날에 대한 걱정이었다. 가장이 되었고, 아이를 위해 그리고 가정을 꾸리는 데 필요한 시간은 정해져 있었다.

아침 7시에 출근했고, 밤 9시 혹은 10시에 퇴근했다. 아이 혼자 아침과 저녁을 맞이했다. 다른 아이들은 부모가 앞다투어 인재로 키우고 있을 때, 나는 아이를 위해 아무것도 할 수 없어 죄책감이 들었다. 그러나 죄책감 때문에 일을 포기한다면 고정적인 수입을 보장받을 수 없었다. 미안함을 내세울수록 결론은 정규직이 날아간다는 것.

'마음은 잠시 넣어두자. 돈이 있어야 아들을 키운다. 일이라도 안정적이어야 아들을 키울 수 있다.'

매일 나에게 주문을 걸며 출근했다. 죄책감 가득한 어두운 얼굴에 당당함의 가면을 쓰고, 돈을 벌어야 하는 이 현실을 받아들이기로 했다.

그러면서도 이런저런 마음이 오고 갈 때마다 마주한 술. 소주에 맥주를 대충 섞어 목구멍에 밀어 넣는다. 달지만 썼다. 목구멍을 타고 들어가 배를 채워줬다. 술을 마신 것인지, 쓸쓸함을 마신 건지 스스로에게 쏟아지는 비난을 마신 건지, 그 모든 것이 섞여 배가 차면 그제야 쓰러지듯 잤다. 술 없이 잠자리에 누우면 자면서도 앞날을 생각하고 또 생각하며 잠드는 밤이었다. 술이 없으면 잠을 못 잤다. 매일의 반복이었다.

어느 날 아들에게 고백하듯 말했다.
"아들아, 학교 갈 준비 혼자 하게 해서 미안해."
"옷만 입고 가는 건데 뭐가 미안해?"
"다른 아이들은 엄마가 학교 갈 준비도 끝까지 다 해주고, 학교도 데려다주기까지 하는데 엄마는 매일 일찍 나가고 늦게 오고… 너 혼자 학교 가잖아. 미안해."
"근데, 엄마. 내가 왜 혼자야? 엄마가 진짜 없어야 혼자지. 나 엄마 진짜 없어? 아니잖아. 나 엄마 있잖아. 나 혼자 아니야."

아이지만 아이가 아니었다. 아이지만 어른처럼 말하는 애어른이 된 것이 내 탓 같아서 마음 아팠다. 또다시 슬픔에 목메었지만 꿀꺽 삼켰다. 아들의 말을 곱씹으며 죄책감에 머물러 있기엔 할 일이 많았다. 버텨내야 하는 내일의 하루가, 지옥철의 출근길이 날 기다리고 있었다.

그냥 그렇게 살아야 했던 시기가 있었다. 아들은 묵묵히 자신이 해야 할 것들을 하면서 자립심 강한 아이로 자라고 있었지만, 아이를 품에 안는 상상을 하며 퇴근길을 버텼다. 밤하늘의 쓸쓸함과 죄책감을 애써 피하며 눈 마주치지 않았다.

아들을 위해 현실만 보기로 했다.

My Story 3

왜 아이를 방치하세요

혼자가 되었다고 생각했는데 사실 혼자가 아니었다. 스스로 해내는 아들이 있었다. 초등학교 3학년부터 홀로 등교한 아들은 씩씩하고 순하게, 착하고 바르게 자라주었다. 손이 가지 않아도 혼자 척척박사가 된 아들을 마주하면 또래에 비해 아이답지 않게 크고 있음을 눈치챘지만, 모르는 척했다. 그런 모습을 지긋이 바라보지 않았다. 아들과 난 각자의 하루에, 각자의 삶에 최선을 다해 살았다. 서로 불평하지 않았고, 각자의 자리를 지키며 혼자서도 씩씩하게 지냈다. 두 사람은 닮아갔다.

"엄마 나 학교 끝났어~"

"응 ○○야 별일 없었지? 오늘 학원 어디 어디 가는지 알지? 엄마 지금 길게 통화 못해서 빨리 끊어야 해."

"응 알겠어. 근데 엄마 오늘 나 되게 시원했다~!"

"응? 뭐가 시원해?"

"다리 말이야. 엄마, 팬티 안 입고 바지만 입으면 엄청 시원하고 편한 거 알았어?"

"응? 뭐라고 그게 무슨 말이야? 뭐가 왜 시원해?"

"팬티 없어서 바지만 입었어. 진짜 시원해!"

해맑디해맑은 목소리를 남기고 전화가 끊겼다. 처음에는 웃겼다.

'무슨 말이지? 팬티가 왜 없어? 아침에 내가 분명히 거기 두고 왔는데?'

아침에 했던 행동을 떠올리며, 행여나 내가 팬티를 안 챙겨둔 것인지 기억을 더듬었다. 책가방 옆에 두고 온 겉옷만이 한 장의 사진처럼 내 기억에 있었다.

"팀장님~ 우리 아들이 아침에 팬티를 안 입고 가서 시원하다고 자랑해~!"

으하하 크게 웃으며 내가 말했다.

"아이구… 아기가 깜박 잊었나 보다. 아이구…."

안타까움이 섞인 한마디에 어떤 감정이 건드려졌

는지 왈칵 눈물이 나왔다.

"우하하하 학교에 팬티를 안 입고 갔는데도 저렇게 해맑게 자랑할 수가 있다니. 우하하하."

미친년처럼 웃다가 울다가 눈물이 났다가 웃음이 터졌다가 했다. 분명 옆자리 팀장님이 한 말도 어떤 위로나 짠한 정도가 깊지 않았는데, 뭐라 할 수 없는 여러 복잡미묘한 감정이 올라왔다. 화장실로 조용히 가서 많이 울었다.

얼마 후 학교 담임선생님에게서 전화가 왔다. 아들은 뭐 그리 신기한 일이라고 다리가 시원하다며, 친구들은 물론 담임선생님에게까지 종알종알 자랑했나 보다. 그 당시 전화 내용이 모두 기억나지 않지만 "아이가 방치되고 있는 것은 아닌가요?"란 문장은 가슴에 깊이 남아 있다. 질문에 나쁜 의도가 담겨 있지 않음을 알지만 내 귀에는 다르게 들렸다.

"무책임하게 왜 아이를 방치하세요?"

나를 책망하는 말로 번역하여 해석하게 됐다. '방치'라는 단어가 망치가 되어 내 가슴을 쳤다.

퇴근길 느닷없는 질문이 들어왔다.

"팀장님 이렇게 늦게 끝나고 댁에 가시면 힘드시

그 당시 전화 내용이

모두 기억나지 않지만

"아이가 방치되고 있는 것은 아닌가요?"란

문장은 가슴에 깊이 남아 있다.

질문에 나쁜 의도가

담겨 있지 않음을 알지만

내 귀에는 다르게 들렸다.

"무책임하게 왜 아이를 방치하세요?"

나를 책망하는 말로

번역하여 해석하게 됐다.

'방치'라는 단어가 망치가 되어

내 가슴을 쳤다.

겠어요. 아들도 어리다고 들었던 것 같은데 그럼 남편분이 많이 도와주시겠어요. 어때요?"

"네? 아 네. 그렇죠. 뭐."

단답형으로 그녀의 질문을 잘랐다. 걱정하는 고마운 마음이 담긴 질문임을 아는데도 아팠다. 낮에 방치라는 망치에 맞아 아픈 곳을 또 한 대 맞았다. 또 다른 질문이 나올까 봐 서둘러 다른 질문으로 대화의 흐름을 바꾸고 그 자리에서 도망쳤다.

축 늘어진 어깨로 버스에 올라탔다. 도로 위 밤은 내 마음처럼 어둡고, 가로등 불빛은 내 마음과 반대로 빛났다. 버스 유리창에 비친 내 얼굴을 가만히 바라보았다. 쓸쓸함과 외로움 그 중간쯤 어딘가의 표정이었다.

'왜 사실대로 말 안 했지? 이혼하고 나 혼자라서 도와줄 남편이 없다고 왜 솔직하게 말하지 못했을까?'

스스로에게 질문하며 가만히 버스 유리창을 봤다. 낮에 있던 아들의 일도 함께 떠올랐다.

한부모 자녀로 자란다는 것은 외로움, 마음의 상처, 위축, 차별, 밝지 않은 미래 등 부정적인 언어가 먼저 생각났다. 이혼한 사실이 밝혀지면 예상되는 미래 또한 다르지 않았다.

'그럼 그렇지. 그럴 줄 알았어. 결혼 실패자. 네까짓

게 무슨 상담으로 해결할 수 있다고 믿었어?'

매우 부정적인 것들이었다. 그러나 더 큰 문제는 '~ 할 것이다'라고 생각하는 내 습관이었다. 먼저 이혼했다고 말하지 않고 '이럴 것이다' 하는 마음이 앞섰다. 아직 일어나지도 않았고, 벌어지지 않을 수도 있는 상황을 온갖 가정법으로 상상하곤 했다.

따지고 보면 온전히 나의 잘못도 아니었는데 세상에 벌어지는 일들이 모두 내 탓인 것만 같았다. 특히 아들 문제는 더욱 그랬다. 떠나버린 남편을 원망하기보다 그런 상황에 놓인 나를 더 질책했다.

처음에는 세상의 시선이 고통스럽다고 생각했다. 세상의 시선보다 더 무서운 것은 내가 나를 바라보는 시선이었다. 내 마음에서 들리는 나 자신을 비난하는 부정적인 생각들이 스스로에게 씌운 프레임 같았다. 더불어 세상도 날 그렇게 부정적으로 볼 것으로 생각했다. 아들을 잘 키우고 싶으면서도 '한 부모는 그럴 것이다'라는 프레임에 사로잡혀 마냥 두려움을 품고 살았다.

이혼했다는 사실을 밝히면 비난과 수치심을 피할 수 없을 것 같았다. 그 감정이 두려워 아이를 방치하는 건 아닌지 묻는 선생님의 말씀에도, 남편이 많이 도와주지 않냐는 질문에도 시원스럽게 대답하지 못했다.
 그래서 더 나를 잘 들여다봐야 했다. 지금의 내가 있기까지 과거의 불안과 마주하길 원했다. 이혼으로 맞닥뜨린 '실패자'라는 스스로의 평가를 내려놓기 위해 쉴 새 없이 노력해야 했다. 그래야 아들과 더 행복해질 수 있을 테니까.

My Story 4

상담, 새로운 나를 만나다

 청소를 며칠 미룬 탓이라고 생각하고 넘겼다. 바닥에 떨어진 머리카락을 보며 너무 바빴다고 생각했다. 아들 방을 청소하는 김에 날 잡아 온 집 안을 구석구석 깔끔하게 청소하고 정리했다. 밀린 집안일을 하던 여느 때와 같은 하루였다.

 다음 날, 바닥에 깔려 있을 옷들을 정리하려고 아들 방에 들어갔다. 옷들이 있어야 할 자리에 어제 목격한 만큼의 머리카락이 또 수두룩하게 떨어져 있었다. 잠시 고개를 갸우뚱거렸지만, 원인을 알 수 없었다.

 "너 도대체 머리카락이 왜 이렇게 많이 떨어졌어? 어제 청소 다 했는데."

 폭풍 잔소리를 하려는 찰나, 내 눈에 뭔가가 들어

왔다. 아들의 정수리 옆에 동그랗게 비어 있는 것이. 이제 막 생긴 듯한 작은 원형을 발견하는 순간 멈칫했고, 더 이상 말을 이어가지 못했다.

스트레스로 인한 원형탈모라고 생각하고 아들에게 티 내지 않으며 며칠을 지켜봤다. 방문을 꼭꼭 닫고 있던 아들에게 환기를 핑계 삼아 방문을 열게 하고 아들을 지켜본 결과, 예상했던 원형탈모가 아니었다.

수두룩하게 깔려 있던 수많은 머리카락의 정체는 발모증이었다. 책상에 앉아 다리를 달달 떨며, 자기 머리를 연신 뽑아대는 아들의 모습이 낯설었다. 발모증. 걱정, 우울, 불안함 등 스트레스가 극에 달했을 때 자기 머리카락을 반복적으로 뽑는 강박증과 연결된 행동이다.

천진난만하고 순수한 영혼의 아동기를 무사히 지나가서 감사하다고 생각했는데, 사춘기가 시작되면서 우울하고 불안했던 아들의 마음이 발모증으로 드러난 것이다. 두 부모였다가 한 부모의 자녀로 자라는 사이 문제가 나타나리라 예상했지만, 그래도 마음속으로는 늘 '우리 아들은 괜찮을 거야. 특별한 문제 없어' 하고 외면했던 걱정이 결국은 현실로 나타난 것이다. 놀라고 걱정되었지만, 한편으로는 다행이라고 생각했다.

이제라도 다치고 깨져서 곪아 있던 상처가 드러났으니 이제 약을 발라주면 되는 것이었다.

아들은 본인의 행동을 전혀 의식하지 못했다. 계속 뽑고 또 뽑았다. 감시 마지막 날. 1시간을 보다가 더 이상 참지 못하고 "그만!!" 하고 소리쳤다. 아들은 깜짝 놀라 날 쳐다봤고, 난 성큼성큼 방 안으로 들어가 아들 머리에 무작정 휴대전화 카메라를 들이댔다. 아무 말 하지 않고 사진을 아들에게 보여줬다. 아들은 머리에서 동그랗게 비어 있는 자국을 가만히 들여다보며 말했다.

"이게 뭐야?"

"눈이 뒤에 없으니 안 보이면 없다고 믿지 않을 거잖아. 사실을 봐야 현실을 알지. 봐. 네 머리 정수리 옆에 동그란 맨살 보이지?"

알고 있었는지 모르고 있었는지 파악할 수 없는 표정이었다.

"걱정이 많거나, 불안하거나, 우울할 때 자기 마음을 잘 모른다고 생각하고, 안 느껴진다고 생각하고 그냥 말을 안 해. 엄마도 그럴 때가 있었고, 다른 사람들도 다 그래. 너 역시 그런 시기가 있고. 그러나 우리 몸은 반드시 표현해. 마음이 매우 불편하니까, 마음을 알아달라고 몸은 반드시 표현해. 엄마 생각에 지금 네 몸이 신호를 보내는 것 같은데 넌 어떻게 생각해?"

"나? 뭐가 우울해? 아무렇지도 않은데? 걱정도 없어! 얼마나 좋아 학교도 안 가고 게임만 맨날 매시간 할 수 있잖아."

코로나 시대의 막이 열린 그해, 아들의 중학교 입학 시즌이었다. 그러나 학교를 갈 수 없었다. 아들은 언제 일어났는지, 언제 잠을 자는지도 모르게 방문을 닫고 살았다. 방문 문제로 싸움의 줄을 팽팽하게 잡았다가 풀어주기를 연신 반복하다가, 아들에게 사춘기가 왔다고 인정했다.

아들의 사춘기 뒤에 아동기에 표현하지 못했던 우울과 불안이 숨어 있었음을 그제야 알았다. 우울과 불안의 원인을 제공한 사람이 나라고 생각했기에 아들을 상담할 수는 없었다. 객관적으로 바라볼 청소년 전문 상담 선생님에게 치유받는 시간을 줘야 했다.

아들의 발모증을 보며 나의 마음도 다시 살펴봤다. 내 몸 역시 아픈 마음을 알아달라고 외치고 있었다. 매일 밤 술병들이 그 증거였다. 이젠 직면해야 할 때가 왔다. 이별에 대한 상실감 뒤에 그만 숨기로 했다. 숨지 말고 직면해야 다음 단계로 나아갈 수 있음을 알기에 아들과 나를 위해 상담을 예약했다.

포기하지 않고 끝까지 완주해서 받은 졸업장 덕분에 무료 상담을 할 수 있는 기회를 찾아냈다. 다행이었다. 아들의 모습을 발견하지 못했다면, 아들도 나도 감정의 상태를 파악하지 못하고 넘어갔을 것이다. 그러다 언제 어디서 터질지 모를 시한폭탄 같은 감정을 갑작스럽게 마주한다면, 더 큰 문제가 기다리고 있었을 것이다.

우리는 역시 버티기를 잘했다. 혼자 출근하고 혼자 등교했던 각자의 삶에 최선을 다해 버텼던 그때처럼, 아픈 상처 앞에서도 우리는 잘 버텼다. 아들도 나도 상담을 통해 아픈 이야기를 새롭게 꺼내며 눈물로 버텼다. 상담이라는 별이 깜깜한 우리 마음에 길을 알려주는 반짝이는 나침반이 되어주는 것 같았다.

몇 개월의 시간이 지났다. 아들은 처음 해보는 상담이 낯설고 부담스러웠는지 오랜 시간 상담을 이어가지는 못했다. 이런저런 핑계로 상담을 그만하고 싶어 했고, 아픈 마음을 다시 꺼내는 시간이 얼마나 힘든지 충분히 알기에 크게 강요하지 않았다. 본인이 그 아픔을 꺼내고 싶을 때, 그리고 아픔을 견딜 수 있을 마음의 힘이 있을 때, 공감이든 위로든 해결 방법이 확실

한 효과를 내리라 생각했다.

　길지 않은 상담이었지만 다행히 도움이 되었나 보다. 발모증은 서서히 나아졌다. 상담 선생님께서는 아들의 깊은 속마음을 모두 전해주진 않으셨다. 아들이 내게 상담 내용을 절대 비밀로 해달라 강조했기 때문이었다. 선생님께서는 아들의 성품이 좋고, 마음이 바른 아이라서 크게 걱정할 일은 생기지 않을 것 같으니 이 시간을 묵묵히 지켜봐 주길 바라셨다. 그것이 결국 아들의 진짜 속내일 것으로 생각했다. 아들을 믿고 기다리기로 했다.

　얼마나 지났을까? 발모증 대신 솔직한 아들이 나타났다.

　"싫은 것은 싫은 거야."

　"내가 하고 싶은 것도 있어. 엄마 마음대로 뭐든지 하려고 하지 마."

　"엄마는 왜 매일 화가 나 있어?"

　"매일 꼭 그렇게 술을 마셔야 해? 술이 그렇게 맛있어? 어디서 잔치해?"

　"엄마. 내가 지금 듣고 싶은 말은 위로잖아. 그냥 한마디만 해주면 끝나잖아."

　"우리 싸우지 말자."

아들을 키우면서 처음 들어보는 솔직한 돌직구들이 나왔다. 처음 들어보는 말들로 당황할 때도 있었지만, 가슴 한편엔 돌직구를 날리는 아들을 보며 웃음이 지어졌다. 철들어 버렸던 어린 아들이 이제는 또렷하게 자기 생각과 잣대를 세우는 것 같았다. 사춘기에 자아를 찾아가는 아들의 돌직구가 반갑기만 했다. 아들의 솔직함을 보며 상담의 긴 터널 속으로 들어갔다. 어둡지만 곧 환하게 밝아올 터널 밖 빛을 향해 뚜벅뚜벅 걸었다.

"선생님 잠시 눈을 감으시고요, 이혼 후에 가장 힘들고 아팠던 순간을 떠올려 볼게요. 선생님이 어떤 모습으로 있나요? 눈을 감은 채 떠오르는 모습을 표현해 주실 수 있으세요?"

오랜 시간이 지났지만, 지금까지 떠오르는 가장 기억에 남은 질문이다.

"공간 한쪽 구석에 철퍼덕 쓰러진 모습이 보여요. 힘이 모두 빠지고, 에너지 하나 없고 눈물도 더 이상 나오지 않는 메마른 마음의 여자로 보여요."

"철퍼덕 쓰러져 있는 메마른 선생님에게 어떤 말을 해주고 싶으세요?"

눈물이 메말랐다고 생각했는데 그렇지 않았나 보

다. 눈에서 뚝뚝 뜨거운 것들이 떨어졌다.

"저는 실패자예요."

"선생님께 실패자라는 단어의 의미는 무엇일까요?"

나의 핵심 이슈 단어가 나왔다. '실패자'라는 세 글자로 시작된 상담 선생님과의 만남은 길어졌고, 길고 긴 상담이 끝날 무렵 내 입에서는 새롭고 낯선 언어들이 나왔다.

"실패자라고 느끼는 감정이 내 눈을 가려 진짜 중요한 것을 보지 못하고 있었네요. 전 그 아픈 감정을 버티고 이겨내려고 애쓴 짠한 사람이었네요. 심지어 아픔을 버티면서 혼자 아들을 키우고, 돈까지 벌며 힘들게 살고 있음에도 그런 잘하는 부분은 하나도 보지 않고 채찍질하며 비난하고, 나 자신을 돌보지 않은 것 같아요."

선생님은 천천히, 그러나 강하게 끄덕이며 공감해주셨다. 아픔의 눈물이 아닌, 이런 나를 찾아낸 것을 대견하게 여기는 눈물이었다. 스스로에게 보내는 응원과 위로의 눈물, 마음의 박수로 상담이 마무리될 때쯤 '있는 힘껏 최선에 최선을 다하고 스스로 새로운 문을 열고 나온 자'라고 나를 정의할 수 있었다.

아픔의 시간은 숨기고 살고 싶었던 열등감으로 상처 입은 나를 있는 그대로 받아들이게 해주었다.

"굿(good)도 배드(bad)도 공존하는, 그냥 있는 그대로 나는 나야. 실패했어도, 실수해도 괜찮아. 모두 너의 잘못도 그의 잘못도 아니야. 그와 나는 다를 뿐이고 서로의 타이밍이 맞지 않았을 뿐이야. 괜찮아. 괜찮아. 여기까지 오느라 고생 많았다. 진짜 힘들었지? 이제 조금만 아파하자. 아픈 감정에 꼭 감은 눈을 뜨고 이제 사실을 보고 잘했다고 해주자. 그런 너를 내가 안아줄게."

비난의 독화살만 쏘아대던 내 삶 속에서 처음으로 등장한 내가 '내게 해주는 첫 번째 위로'였다. 따뜻한 토닥임으로 짙은 어둠 같던 시간을 통과했다.

My Story 5

아픔이 약점이 되지 않는 세상

초등학교 3학년이던 꼬맹이가 얼마 전 주민등록증을 발급받아 왔다. 주민등록증 사진에는 다 큰, 조금은 낯선 얼굴이 있었다. '진짜 우리 아들 많이 컸구나. 진짜 우리 아들이 제일 많이 고생했지…' 하며 과거의 시간을 떠올린다.

"아들아 너 생각나니? 초등학교 3학년 때 혼자 등교하고, 혼자 밤늦게까지 있었던 일 말이야."

"응 당연히 생각나지."

"어? 당연히 생각난다고? 어떻게? 엄마는 네가 잊었을 거라고 생각했는데!"

"내 기억엔 없어도, 엄마가 많이 말했으니 기억이 안 나도 기억나."

"아 그랬나? 엄마가 그렇게 자주 말했다고? 몰랐네. 아들 그때 힘들었지?"

"왜 힘들어? 혼자 가라고 하니까 간 거고, 난 그때 게임 실컷 하고 학교 가서 좋았는데? 그리고 엄마 말처럼 내가 힘들었다면 뭔가 사건이 떠오를 텐데 잘 모르겠어. 특별한 생각은 안 나. 다른 집은 어떻게 하는지 모르니까 그냥 갔겠지?"

초3이나, 고3이나 해맑고 간단명료한 대답이었다. 꼬맹이에서 주민등록증이 나온 지금까지 아들이 너무도 해맑게 자라줘서 오히려 감사하게 여겨졌다. 생각해 보니 '혼자 있었다'라는 느낌은 아들이 아니라 내가 어릴 적 할머니에게서 받은 느낌이었다. 내가 그런 감정을 느꼈으니 아들 또한 그럴 거라고, 나도 모르게 생각했던 듯하다.

한 부모라도 행복할 수 있다. 일단 다툼이 없으니 얼굴에 그늘이 없다. 그늘진 얼굴로 아들을 키우지 않아도 되었다. 물론 한 부모가 되어 생각하지 못한 그늘을 마주해야겠지만, 그것은 선택한 것에 관한 결과이기 때문에 기꺼이 감당하고 그때마다 해결하면 된다. 일어나지도 않은 문제를 벌써 걱정할 필요는 없다. 문제가 생기면 그때 해결하자. 미리 불안을 껴안지 말자.

아들에 대한 책임감의 옷을 어깨에 무겁게 둘러 입었던 그때의 질문에 답이 된 것 같았다. 고3이 된 아들의 간단명료한 말을 통해서. 아들의 대답 덕분에 그때 우리가 흘린 눈물이 깨끗이 닦이는 듯했다.

고통의 늪 속에 있을 때는 잘 느끼지 못한다. 그곳에서 빠져나올 방법에만 집중하다 보면 더 허둥대게 된다. 그럼 점점 더 깊이 늪 속으로 빠져들 수밖에 없다. 그때 침착하게 방법을 떠올려 나올 수 있으려면 내가 어디에 빠졌는지를 알아야 한다는 것을, 다시 한번 강조하게 된다.

'방치'라는 죄책감에 빠져 돈을 벌어야 했던 과거의 나에게 한마디 위로를 건넨다.

"지금의 네가 그 시간으로 돌아간다 하더라도 넌 똑같은 선택을 했을 거야. 언제나 제일 나은 선택을 한 것이고, 네가 할 수 있는 최선의 힘으로 키웠어. 자책은 그만하자. 과거의 시간은 흘러간 것이니 자책도 함께 흘려버리자. 언젠가 아들이 아픈 감정을 드러낸다면, 그때 진심으로 사과하고 현재 아들이 원하는 것을 해주자. 초3 엄마도 고3 엄마도 충분히 열심히 산다. 자책할 시간에 너를 위로하고 너를 칭찬해 주자."

'완벽함, 성공하는, 목표를 이룬, 있어 보이는 것이 좋은, 모두 잘하는.'

사실은 나를 설명해 주길 원했던, 내가 좋아했던 단어들이다. 무엇이나 척척 잘하고 성공해서 당당하고 멋지게 보이고 싶었다. 인간관계도 좋고, 명예로운 직업과 단란한 가족을 갖고 싶었다. 모든 것을 다 갖춘 완벽한 삶에 대한 이상적인 추구가 있었다. 남이 보는 내가 중요했다.

그건 어린 시절 인정받지 못하고 비난받았던, 사랑받지 못했던 결핍에서 시작된 결과물이었다. 그것들을 이루기 위해 평생 노력했다. 이혼이라는 것을 경험하며 내 어린 시절의 아픔과 현재와의 연결고리를 찾아냈다. 또 잘라낼 필요 없는 감정의 매듭들을 찬찬히 살피는 계기가 되었다.

처음 상담을 배우려 했던 수많은 이유 중 하나는 남편과의 관계를 바꿔보고 싶어서였다. 정작 공부를 시작하면서 더 잘 알게 된 것은 나 자신이었다. 어린 시절의 나에게 어떤 아픔이 있었는지 정확히 끄집어낼 수 있었고, 그 덕에 성인이 되어도 풀리지 않던 숙제를 하나하나 알아차리고 해결해 갔다.

지난 과거를 모두 치유했다고 할 수는 없다. 그러

나 이제는 모든 상황을 내 탓이라고 자책했던 습관으로 이어지지는 않는다. 관계에서 버려지면 안 된다는 두려움에서 해방되는 경험이 이혼이었다. 그렇게 한 번의 경험이 이제는 누군가를 돕고 싶은 마음으로 이어졌다.

이런 경험을 통해 깨닫게 된 마음이 소중했다. 그렇게 마음속에 새겨진 언어를 글로 기록하고 싶어졌다. 개인 블로그를 개설했고 닉네임도 정했다. '깡작가.' '깡'은 내 성인 '강'이기도 하지만, 깡으로 악으로 살아온 내 삶이 녹아 있는 이름이자 이루고 싶은 미래의 꿈을 품은 이름이었다.

이혼의 아픔, 그리고 이제는 동굴에서 나와 다시 상담사로 서고 싶은 바람을 다섯 편의 블로그 포스팅에 써 내려갔다. 다섯 편의 이야기가 진행되는 동안 무거운 그늘이 내 마음에 깔려 있었지만, 한두 편 시리즈를 올리면서 어두운 그늘은 점차 사라졌다. 한 편씩 글을 올릴 때마다 사람들의 댓글이 달렸다. 누군가는 같은 마음으로 공감을 보냈고, 누군가는 위로와 응원의 말을 남겼고, 누군가는 자신의 아픔도 꺼내 보였다. 그 댓글 속엔 그들만의 아픔이 담긴 색깔이 있었고, 그들의 따뜻한 마음이 담겨 있었다. 그 마음들은 짧았지만 강한 힘으로 내 아픔을 사그라들게 해주었다.

현실을 살아내야 했기에 꼭꼭 숨겨왔던 상담사의 꿈을 다시 끄집어냈다. 글을 읽어준 사람들을 위해 개인 상담과 집단 상담 프로그램을 준비했다. 우리는 온라인에서 만났고, 각자의 마음속에 있는 것들을 색채와 그림으로, 책과 이야기로 표현했다.

함께한 사람들의 마음과 눈물은 아름답고 귀했다. 나는 그들에게, 그들에게 나도, 서로가 서로에게 비타민이 되는 치유의 시간이었다. 실패의 경험을 세상에 공개한다는 것은 아픔만 존재하는 것이 아니었다. 공감하고 서로가 있다는 것만으로도 위안이 되는 일이었다.

나의 경험은 아픔이 약점이 아님을 알려주었고, 다시 세상으로 걸어 들어갈 수 있는 다리가 되어주었다.

아픔이란 약점이 아니다. 상처가 있다고 실패자가 된 것이 아니다. 누구도 해보지 못한 나만의 경험이자 재산이며, 살아가면서 만나는 문제를 해결할 수 있는 나만의 비법 열쇠이다. 그리고 더 나아가 꿈을 이루게 해주는 에너지이다.

아픔은 사라지는 것이 아니고, 아픔에 직면하며 차차 그 고통이 작아지길 기다려 주는 것이다.

누구에게든 더 이상 아픔이 약점이 아니길.
아픔 속에서 혼자 더 이상 숨지 않는 세상이 되길.

강은영 작가 약력

- 현 독서논술학원 원장
  - 전 한솔교육 주니어플라톤 센터장 및 강사
  - 전 한우리 독서 논술 교사
  - 전 초등학교 방과후학교 강사
  - 전 교육회사 센터장 및 사내 강사
- 현 심리상담사, 예술치료사
  - 전 닥토심리상담센터 미술치료사
  - 전 서울정신과의원 독서치료사, 미술치료사

그의 불치병, 우리는 더 행복해지기 위해 헤어졌습니다

백시하

My Story 1

가정법원 등기가 도착했습니다

딸꾹, 딸꾹, 딸… 꾹…. 수염이 덥수룩한 어른도 귀여운 어깨춤을 추게 만드는 딸꾹질이 꼬박 하루하고도 반나절이 넘도록 멈추질 않는다. 물을 아무리 많이 마셔도, 숨을 몇 초간 꾹 참아도, 심지어 잠을 자는 순간에도 남편의 딸꾹질은 계속되었다. 이쯤 되니, 우린 서서히 불안감에 휩싸이기 시작했다. 9년 전, 오늘처럼 화창한 봄날의 이야기이다.

나와 정반대 성향인 남편은 막연히 "다 잘될 거야"라는 무한긍정의 말들을 탐탁지 않게 여겼다. 어떤 일이든 미리부터 최악의 결과를 생각하고서 불안을 안고 사는 남편을 마주할 때마다 내 긍정의 파이팅은 점점 사그라져 갔다. 오랜 경력 단절 이후 재취업에 성공하여 축하 파티를 하려 했을 때도, 수습 기간이 무사히 끝나면 그때 축하를 해주겠다고 미루던 남편이었다.

그런 남편과 진료를 위해 집 근처 대학 병원을 방문했다. 36시간 넘게 계속되는 딸꾹질 때문에 머릿속이 온갖 최악의 상상으로 가득 차버린 그는 아침부터 내내 말이 없었다. 10분 안에 끝날 줄 알았던 진료는 긴급 뇌 CT 촬영으로 이어졌다. 서울대 출신의 신경과 의사는 꼬불꼬불한 뇌 정중앙의 작은 나비 모양을 가리키며 시신경척수염이라는 소견과 함께 불치병이라는 판정을 내렸다. 심장이 철렁 내려앉았다.

"선생님, 혹시, 죽…나요…??" 나의 첫마디였다.

당장 죽는 병만 아니면 됐다. 뭐든 방법이 있을 테니까. 적어도, 그때의 나는 그랬다.

한국에서는 희귀한 불치병으로, 면역계가 신경세포를 공격해 염증이 생기면서 급성 시각장애, 근력 약화, 보행 장애 등이 생길 수 있다고 했다. 발병 원인은 알 수 없으며, 완치할 수 있는 신약에 대해서는 계속해서 연구 중이라고도 했다. 평생 컨디션을 관리하며 진행 속도를 늦추는 방법이 현재로는 최선이라고 했다. 의사의 사무적인 목소리와 진료실 안의 공기, 소독약

냄새가 아직도 잊히지 않는다.

"역시 난, 이번 생은 틀렸어."

무서운 맘을 들키고 싶지 않아서였을까? 건조하고 덤덤한 남편의 첫마디에 아무런 대답을 하지 못한 나는 긴 터널로 빠지는 듯했다.

삼십대 중반의 크리스마스 날, 제주 올레길에서 우연히 만난 우리는 한 편의 영화처럼 연애를 시작했다. 그 당시 남편은 가을 학기가 시작되는 미국 대학원 입학을 앞둔 터라, 결혼 후 함께 떠나길 원했다. 웃음도 울음도 한도치를 넘나드는 나와는 달리 매사에 침착하고 다정한 그의 모습이 좋았고, 결혼 적령기에 마다할 이유가 없었다. 그렇게 우린 초록이 넘치는 여름날, 부부가 되었다.

알콩달콩 신혼을 보내던 어느 날, 시계를 벗은 남편 손목이 내 시선을 붙들었다. 연애 시절에도 분명 보았을 텐데, 가까이서 보게 된 서너 개의 비뚤비뚤하지만 선명한 자국들.

'혹시? 설마…??'

아니길 바랐던 영화에서만 보던 흉터들. 남편은 부모님의 맏아들에 대한 기대로 강도 높은 훈육과 압박에 시달리며 위축되고 불안한 유년 시절을 보냈다고 했다. 장남에 대한 기대치는 여전히 높고, 늘 부모 앞에 비굴한 약자의 위치는 지금도 변함없다고 했다.

제주에서 나를 만나기 두 달 전에도, 어머니의 폭언에 못 이겨 부모님 앞에서 자해를 시도했다고 했다. 피가 솟구쳐 쓰러져 있는 아들 앞에서도 동네 사람이 알면 안 되니 119에 신고하지 말라던 어머니를 보았다고도 했다. 죽어가는 순간까지도 끝없는 절망과 복수심, 외로움에 눈물을 삼켰다고, 미리 말하지 못해 미안하다고 덤덤히 말해주었다.

그때부터였던 것 같다. 그의 손목 상처와 뒤늦게 털어놓은 이야기는 가여움과 연민으로 나 스스로에게 보이지 않는 의무의 족쇄를 채웠다. 그가 받지 못했던 사랑을 가득 채워주고, 외로움과 상처를 말끔히 회복해 주고 싶었다. 하지만 서로 다투게 되면 언제든 그런 행동을 할 수 있겠다는 두려움이 밀려왔고, 나는 남편과의 대립을 최소화하거나 충돌 상황을 애써 피했다. 마음을 졸이며 서서히 그를 두려워하기 시작했다.

그런 그가 아프다. 입원과 퇴원을 반복하고 독한 약에 휘청거린다. 하지만 담배조차 끊지 않았다. 걱정스러운 내 잔소리가 시작될 때면 몇 날 며칠 방문을 닫고 밤낮이 바뀐 생활을 하곤 했다. 다섯 살 딸아이는 잠겨진 문 앞에 서서 아빠의 방문이 열리기를 기다리거나, 놀아달라는 그림 편지를 적어 문틈 사이로 밀어 넣기도 했다. 자기연민에 빠져 헤어나지 못하는 그를 지켜보며 심장이 터질 것만 같았다. 하지만, 아빠가 독한 약을 먹고 잠들었으니 우리가 푹 잘 수 있게 도와주자는 말로 우는 아이를 달래고 이해시켰다.

아들의 불치병 소식에 날마다 눈물짓는 노부모를 바라보며 그는 통쾌한 복수라도 다짐한 걸까? 자신이 받았던 어린 시절의 상처가 지금 우리 아이에게 또 다른 방식으로 대물림되고 있다는 생각은 못 하는 걸까? 출구 없는 미로와 같은 시간이 5년 넘게 흐르고 있었다.

어느 날 갑자기 남편이 이혼을 말했다. 모든 짐을 벗어 던지고 오롯이 혼자여야만 병을 견디고 살 수 있을 것 같단다. 나 또한 그의 비관적인 삶의 태도를 지켜보며 몹시 지쳐 있던 시기였다. 하지만 아빠 없는 아이로 만들 수 없었고, 남편 없는 이혼녀가 되는 게 무서웠다. 절대 이혼만큼은 동의할 수 없다고 버티던 나에게 어느 날 법원에서 등기 한 통이 도착했다.

'이혼조정 신청서.' 가정법원 직인이 찍혀 있는 두툼한 서류를 본 순간 가슴이 철렁 내려앉았다. 주위의 소음이 한순간 사라지고 멍한 진공상태가 되더니 갑자기 마음이 차분해졌다. 뭐든 돕겠다고 곁에서 버틴 나였는데 더 이상 원하지 않는단다. 아니, 없어야 살 수 있단다. 그렇다면 버틴다고 되는 게 아니었다. 그럼 나는 이제 아이에게 아빠의 존재라도 지켜주어야 한다. 그가 원하는 대로 해줘서 아프지 않고 오래오래 아이 곁에만 있어 주면 된다. 그게 나에겐 최선이었다.

이혼조정은 몇 가지 법적 절차가 있다. 부모 시청각 교육, 가정 조정위원회의 면담 그리고 판사와의 삼자대면. 드라마에서 보던 그 광경 그대로였다. 각자의 사연을 품은 30여 명의 남녀가 시청각 교육실에 앉아 있다. 분명 부부였을 사람들. 하지만 모두들 흩어져 타인이 된 채로 아이가 엄마, 아빠를 부르짖으며 "헤어지지 마!"라고 외치는 30분가량의 교육 비디오를 시청하고 있다.

너희들의 선택은 잘못된 것이며, 분명 아이는 평생 불행할 거라며 친절하고 잔인하게 알려주었다. 보고 싶지 않아 눈을 감았지만, 아이의 울음소리는 칼이 되어 심장을 깊숙이 찔러댔다.

마지막으로 판사와의 면담이 있는 날이다. 아침부터 마음이 춥고 서늘했다. 별일 없는 일상을 보내듯 아이와 집을 나섰고, 손을 흔들며 학교로 들어가는 아이

의 뒷모습을 평소보다 조금 더 오래 바라보았다. 오후 반차를 내고 법원까지 40여 분 되는 거리를 천천히 걷기로 했다. 높고 눈부신 가을 하늘과 황금빛 은행나무 길에 매료되어 잠시나마 나의 현실을 잊을 수 있었다. 이런 일로 세상이 변하지는 않아. 내년 가을에도 눈부신 은행나무 길이 너를 반겨줄 거야. 잘 결정한 일이니 울지 말라고 나를 달래주는 것만 같았다.

가정법원 201호실. 그는 먼저 도착해 있었고, 우린 아무런 대화를 나누지 않았다.

"엄마가… 아이를 생각하면 맘이… 너무 아프시죠…?"

나이가 지긋한 여성 가정 조정위원이 멍하게 앉아 있는 내 어깨를 토닥여 주셨다. 그분의 눈빛과 손길에서 아이에 대한 죄책감에 시달리던 나는 잠시 위로를 받았다.

이혼 결정을 내리기엔 너무나도 젊은 판사가 입장했다. 양측에게 몇 가지 질문과 대답을 확인한 후, 잠시 고개를 갸웃거리며 이혼조정 의뢰자인 남편에게 질문을 던졌다.

"근데, 지금 두 분을 보면 충분히 합의이혼으로 진

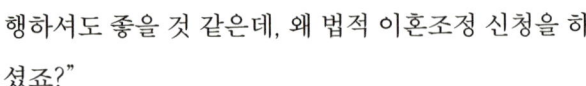

행하셔도 좋을 것 같은데, 왜 법적 이혼조정 신청을 하셨죠?"

"아 네, 제 어머니가 그렇게 하라고 하셨어요. 그래야 깔끔히 정리가 된다고요."

판사는 다소 의아하다는 듯한 표정이었지만 더 이상 질문하지 않았다. 부족한 아들 때문에 네 인생까지 힘들어지게 해서 정말 미안하고, 잘 견뎌주어 고맙다고 하셨다. 남편 대신 가장 노릇까지 해주신 시부모님들이셨다. 그 순간 난 지금까지 그를 힘들고 외롭게 했던 건, 부모를 핑계 삼아 어른이 되길 거부하는 그 자신 때문이란 걸 알 수 있었다.

"2022년 10월 23일 15시 20분 두 사람의 이혼을 성립합니다. 법원 결과 서류는 4주 후에 나올 예정입니다. 이상입니다."

1998년 아빠가 돌아가신 순간도, 2012년 내 몸에서 아이를 꺼내던 순간도, 지금처럼 내 인생과는 크게 상관없는 누군가가 시간과 함께 선고했다.

이혼한 그날도 낯선 누군가가 내 인생의 중요한 순간을 싹둑 잘라서 선고했다. 끝이 보이지 않는 깜깜한 터널 입구에 홀로 서 있는 듯했다.

My Story 2

제가 세대주입니다

법원에서 이혼조정이 성립되던 날, 그는 기다리기라도 한 듯이 미리 마련해 놓은 본인만의 오피스텔로 짐을 옮기기 시작했다. 오래된 가전제품이며 세간을 마치 선심 쓰듯이 남겨두고, 컴퓨터와 옷가지 몇 개만 캐리어에 담아 여행하듯 가뿐하게 집을 떠났다. 첫 자취방을 얻어 독립하는 스무 살 대학생의 뒷모습처럼 그는 홀가분해 보였고, 심지어 설레 보이기까지 했다. 집은 바로 다음 날 부동산에 급매로 내놓았다. 그는 집과 오피스텔을 오가며 매매에 박차를 가했고, 나와 아이의 거처와 안위 따위엔 관심이 없는 듯했다.

남편 명의로 대출받아 마련한 우리의 첫 집은 사계

절을 만끽할 수 있는 작은 아파트였다. 1층에는 차가 다니지 않아 아이가 첫걸음마와 세발자전거를 연습할 수 있었고, 이웃 역시 정겹고 친절했다. 10여 년간 추억을 쌓았던 그곳을 나는 너무나도 사랑했다.

당장 내일이라도 팔릴 것만 같은 나의 첫 집을 잘 떠나보내기 위해 눈으로 보듬고 보듬어 가슴에 담아두던 애절한 날들이었다. 어느 날은 신혼부부로 보이는 남녀가 집을 보러 왔는데, 혹여나 이혼하는 집인 걸 들킬까 봐 애써 상냥한 모습을 보이기도 했고, 이웃이나 경비아저씨가 이사 가냐고 물으면 짧은 대답만 하고 서둘러 자리를 피했다. 마치 큰 범죄라도 지은 사람처럼 내내 마음 졸이고 지냈다. 그만큼 나에게 이혼이란 들키고 싶지 않은 주홍 글씨와도 같았다.

동네 구석구석 우리 셋의 흔적으로 가득한 이곳에서 나는 어느 순간부터 숨기 시작했다. 그리고 행복한 추억마저 점점 퇴색하는 걸 느꼈다. 아무래도 우리의 1막은 여기서 마무리해야 할 순간이 온 것 같았다.

오롯이 나와 아이가 한 팀이 되어 잘 지낼 수 있는 곳을 찾기 시작했다. 초등학교 주변의 소형 평수 집을 구하기 위해 인터넷 부동산을 뒤졌고, 근처 부동산을 찾아가 인터넷 시세와 일치하는지 물어보았다. 결국 전월세보다는 생애 첫 주택으로 대출을 받아 집을 매매하는 게 유리하다는 걸 깨닫게 되었다. 그 이후론 매매를 기준으로 틈나는 대로 발품을 팔았다. 동행하던 부동산 직원분들은 남편은 왜 같이 안 왔는지, 아이는 몇 명인지, 집이 좁지는 않겠는지, 약속이나 한 듯이 물어보았다. 그럴 때마다 주말부부, 해외발령, 세컨하우스 등의 거짓말로 나의 초라한 자존심을 지키려 했다.

집을 내놓은 지 한 달쯤 지나 집을 매매하겠다는 임자가 나타났고, 남편은 가계약을 마친 상태였다. 때마침 나에게도 염두에 두던 곳에 매물이 나왔으니 가계약금을 가지고 부동산을 방문해 달라는 연락이 왔다. 그에게 상황을 얘기하며 계약금을 달라고 했지만, 법원에서 결정된 재산분할 금액은 집이 완전히 처분돼야만 줄 수 있다는 싸늘한 대답만 돌아왔다. 기가 막히고 괘씸했지만 더 이상 묻고 싶지도, 부탁하고 싶지도 않았다.

누구의 도움 없이 혼자 해결해 보기로 했다. 그래야만 더 큰 일이 닥쳐와도 더 이상 흔들리지 않을 것만 같았다. 급여통장대출, 마이너스대출, 보험납입보증대출, 신용대출까지 모든 대출을 총동원해 가까스로 가계약금을 마련해 입금했다. 이혼 후 가장 큰 첫 번째 숙제를 아슬아슬하게 해낸 잊지 못할 날이다.

생애첫주택자금대출은 낭떠러지 끝에 서 있는 나를 구해줄 유일한 구원자였다. 아이가 잠든 후 주택금융공사 홈페이지에 접속했다. 이제 대출 신청서 버튼만 누르면 된다. 몇 년과도 같았던 지난 두 달 동안 고단하고 외로운 시간을 버텨준 내가 안쓰럽고 참 고마웠다.

하지만 한 번에 끝날 줄 알았던 대출 신청은 더욱 피가 마르는 과정이었다. 상담원을 대신한 인터넷 접수는 어려운 전문 용어로 된 질문을 계속해서 쏟아냈고, 필요 서류를 요청하기에 바빴다. 자격대상이 되는지, 최종 금리는 몇 프로인지, 대출 가능한 금액은 얼마인지, 아무것도 알려주지 않아 막막하기만 했다. 밤잠을 줄여가며 제출했고, 또 반려되는 걸 반복했다.

그 당시 대출 신청서는 세대주 기준으로 작성하게 되어 있었다. 하지만 그 시점의 나는 이혼 판결로 인해 배우자는 없지만 거주지는 전남편 명의인 집에 가족이 아닌 동거인으로 등록된 상황이었다. 즉, 세대주가 아니므로 신청자 조건부터 해당하지 않는 상태였다. 방법을 찾아 행정복지센터에 방문해 세대주 분리 신청을 한 후 재신청을 했지만, 이번엔 전월세 계약서를 필수 첨부해야 했다. 더 이상 접수 단계가 넘어가지 않았다. 문의센터를 통해 여러 번 문의해 보았으나, 전산상 개선 중이라는 안내 이외에 명쾌한 답변을 들을 수 없었다. 그 당시가 12월 말이었고, 아이가 개학하는 3월 전까지는 이사를 마쳐야 했다. 마음이 타들어 갔다. 세상이 벌써 나를 반쪽짜리 취급하는 것만 같았다.

아이의 개학 날은 점점 다가오는데, 전산시스템이 개선되기만을 마냥 기다릴 수는 없었다. 궁리 끝에 원룸 월세를 구하기 위해 다세대 주택이 모여 있는 부동산을 일일이 찾아다니며 가장 싼 월세를 찾아 계약했다. 중계 수수료와 몇 달간의 월세를 지급해야 했지만, 나에게는 주택자금대출 통과만이 생사를 결정할 만큼 중요한 사안이었고 절실했다.

아이와 전입신고를 마친 후, 대출심사 재접수를 하였다. 다행히 한 달 후에 원하는 금액으로 대출 승인이 되었다. 정말이지 한 달 새 몸무게가 몇 킬로 줄어들 만큼 피가 마르고 초조한 날들이었다. 그래도 너무나 다행이고 세상을 얻은 것처럼 모든 게 감사했다.

부동산에 잔금을 치르고 최종 계약서를 작성하러 가는 날이었다. 양측 부동산 중개인과 공증인이 기다리고 있었다. 매도인 측 부동산 중개인이 나를 보며 반갑게 인사를 하며 묻는다.

"사모님! 세대주님은 언제 오시나요?"

 나는 최대한 아무렇지 않게, 단호하지만 단정한 말투로 대답했다.
 "제가 세대주인데요."
 살짝 머쓱한 공기가 흐르면서 나의 첫 집은 그렇게 우리에게로 왔다.

 나의 첫 운전은 화려한 미국 시카고가 아닌, 이혼 후 이사 온 낯설기만 한 아파트 지하 주차장에서 시작되었다. 장롱 속에서 잠자다 얼마 전 10년 갱신까지 받은 새 면허증을 들고 운전연수 선생님과 첫 시동을 걸었다. 분명 매일 오가는 익숙한 거리와 신호들이었는데, 운전석에 앉으니 모든 게 낯설고 어렵게 느껴졌다. 마치 처음 운전면허증에 도전할 때의 나처럼 말이다.
 어느덧 운전 3년 차가 되었지만, 아직도 초보운전 스티커를 붙인 채 도로를 달리고 있다. 이혼 후, 초보 인생을 살아내고 있는 지금의 난 잔뜩 긴장해서 조심스럽게 서서히 속도를 올리고 있다.

 결혼식 이후, 학기 시작에 맞춰 먼저 출국한 남편은 석 달여 만에 갑자기 한국으로 돌아왔다. 학과 교수가 본인과 맞지 않아 타 대학으로 옮길 거라 했지만, 계획은 뜻대로 되지 않았다. 그때 나는 15년간 다니던

안정적인 직장에서 퇴사하고, 출국 준비를 하고 있을 때였다. 본격적인 인생 2라운드가 시작부터 어긋나기 시작했다. 걱정과 불안의 나날이었지만, 그동안 쉼 없이 달려온 내 인생의 쉼표로 생각하자고 스스로를 다독였다.

 나의 퇴직금과 실업급여로 생활비를 대신하였고, 그는 간간이 프리랜서로 일했지만 오래가지 못했다. 결국 시부모님의 도움으로 최소한의 생활을 유지할 수 있었다. 대학 시절 아르바이트를 시작으로 학비부터 결혼 자금까지 스스로 마련한 나로서는 취업 조건만을 저울질하는 고학력자인 그를 이해할 수 없었다. 하지만 혹여나 자존심이 다칠까 봐 입 밖으로 꺼내지 않았고, 가장답게 부모에게서 완벽하게 독립하길 바라며 다그치지 않았다. 그러면서도, 집안에 여자를 잘못 들여 남편 인생이 꼬이기 시작한 건 아닐까 하는 샤머니즘에 사로잡혀 괜한 위축감에 힘들어하던 시기이기도 했다.

 다음 해 여름, 우린 부모가 되었다. 산후조리원 비용마저도 시부모님께 도움받아 해결하는 그를 보았고, 다섯 번 정도밖에 끼지 않았던 다이아몬드 예물반지를 처분하는 그를 보았다. 물론 나에게 많이 미안해했고 나도 동의한 일이었지만, 더 이상 가장의 모습을 기대하는 건 나의 꿈에 불과하다는 걸 알았다. 시간이 지날수록 점점 무표정한 얼굴과 차가운 태도로 그를 대하기 시작했고, 줄어드는 대화만큼 신뢰도 서서히 잃어갔다.

일하러 갈 곳도, 만날 사람도, 돈도 없었기에 대부분의 육아와 살림을 도맡아 했다. 체력도 마음도 힘든 나날이었지만, 가사와 육아 분담으로 인한 남편과의 기싸움이나 산후우울증, 스트레스는 없었던 것 같다. 아니, 없애려고 나 자신을 설득했다.

방법은 간단했다. 남편을 위해 낳아준 것도 아니고, 결혼을 했으니 다음 코스로 출산을 선택한 것도 아니라는 점. 둘이 원한 우리의 아이였지만, 그 이전에 내가 원한 내 아이라는 본질 때문이었다. 이 두 가지 의미에 중심을 두었더니 서운함과 사사로운 갈등은 내려놓을 수 있었다.

또 한편으로는 육아와 가사는 내가 할 테니 직장을 구하는 데 전념해 달라는 무언의 신호였는지도 모른다. 다행히 아이는 나와 소위 말하는 궁합이 잘 맞았다. 덕분에 난 아이에게만 집중할 수 있었고, 다시 오지 않을 찰나의 행복을 만끽하며 기억 속에 차곡차곡 저장해 놓았다.

아이는 네 살부터 어린이집에 다니기 시작했다. 하원 시간에 맞춰 베이비페어 행사, 백화점오픈 알바, 빌라 분양, 비즈공예 부업, 설문지 조사, 플리마켓 판매 등 아르바이트와 병행하며 낭비하는 시간이 없게 나를 소비하기 시작했다. 몸은 힘들었지만 돈을 벌 수 있어 너무 좋았다. 무엇보다 짐 같은 존재에서 벗어난 것 같아 맘 편히 숨을 쉴 수 있었다.

그렇게 7여 년 간의 육아와 아르바이트는 나를 조금 더 책임 있는 어른이 될 수 있게 만들어주었다. 아이를 키우면서 표면적인 나에 대해서는 많은 걸 포기하고 내려놓아야 했지만, 내면적으로는 결코 돈으로 환산할 수 없는 너무나 값진 걸 많이 얻었던 특별한 시간이었다.

남편이 아프기 시작하고, 아이가 초등학교 입학을 하면서 본격적인 취업을 알아보았다. 가장은 꼭 남자가 하라는 법은 없는 거니까. 9년의 세월 동안 사회는 많이 변해 있었다. 큰 조직에서 일한 15년 경력도 늘어난 나이와 공백을 이길 수 없었다. 결국 경력과 무관한 캠핑여행사에서 일을 시작했다. 전화기 너머 사람들은 언제나 극과 극을 달리고 있었다. 여행 전 설렘에 몹시 들떠 있거나 여행 후 실망감에 분노하는 그들을 상대하느라 진이 빠졌다. 새벽시장의 날것과 같은 그

곳에서 사회인으로 돌아갈 준비운동을 마칠 수 있었고, 주말 출근과 최저시급을 벗어나기 위해 틈틈이 구직 활동을 이어갔다.

절실하고 진솔한 이력서가 통했던 걸까? 작지만 내실 있는 회사에서 면접 제의가 왔다! 단정한 말투의 젊은 대표님은 겸손하고 차분했지만, 에너지가 가득했다. 혹시 제 나이를 보셨냐는 조심스러운 나의 첫 질문에 나이는 중요하지 않으며, 회사와 결이 맞을 것 같아 면접을 제안하셨다고 했다. 1시간이 훌쩍 넘었던 면접은 갑을 관계의 형식적인 절차로 치부하기엔 너무나도 귀하고 감사한 시간이었다. 합격 통보를 받고, 넓은 시야로 인생을 대하는 근사한 분들과 일하며 세상을 향한 용기와 자신감을 회복할 수 있었다.

하지만 잔인한 2022년은 갑작스러운 이혼 통보와 함께 직장도 빼앗아 갔다. 3년간 나에게 날개를 달아주고 든든한 버팀목이 되어준 직장은 코로나의 직격탄을 버티지 못하고 폐업 절차에 들어갔다. 나는 무슨 일이든 닥치는 대로 해야만 했다. 다행히 직장은 구했지만, 버스로 1시간은 족히 걸리는 곳이어서 빠른 길을 찾아 자전거로 출퇴근을 해야 했다. 한여름에는 땡볕을 오롯이 받으며 페달을 밟아야 했고, 눈 쌓인 얼음

길에 미끄러지기도 했다. 체인이 빠지거나 펑크가 날 때면 홀로 낑낑대며 집까지 끌고 오곤 했다. 그럼에도 자전거를 포기할 수 없었던 건, 버스보다 빨리 나를 아이 곁으로 데려다 줄 수 있었기 때문이었다.

어느 날, 친정엄마에게서 연락이 왔다. 지인께서 경차를 판다고 하는데, 위험한 자전거 말고 운전을 해보는 게 어떻겠냐고 하셨다. 장롱 속 면허는 있었지만 보험료, 기름값, 유지비 등이 부담스러워 사지 않겠다고 했다. 내 사정을 들은 차주분은 거저 주는 가격으로 탁송을 통해 차를 보내주셨다. 그렇게 나는 15만 킬로를 달린 14살 흰색 경차의 주인이 되었다. 우린 막걸리를 부으며 간단한 고사도 지냈고, 빵빠레라는 이름도 지어주었다.

그동안 날 대신해 빈집에서 아이를 기다려 주던 우리 강아지 마요는 작년에 무지개다리를 건넜다. 지금은 14살 빵빠레가 우리를 기다려 주고, 더 빨리 만나게 해주며, 어디든 데려가 주고 있다. 작은 마요와 오래된 빵빠레지만, 사람 그 이상의 많은 의지와 위안을 보내준 고마운 존재들이다.

My Story 3

남편은 뭐 하세요?

 삼삼오오 둘러앉은 회의실에서는 맛있는 도시락과 함께 이야기꽃이 피어난다. '도시락 DAY'는 동료 간의 라포르를 형성할 수 있도록 회사에서 세심하게 마련한 날이다. 갓 일주일 된 신입사원인 나는 얼굴과 사원증을 번갈아 보며 이름을 외웠고, 도시락도 복스럽게 먹어야 했다. 회의실 휴지 케이스마저도 어색하고 낯선 이곳에서 열심히 사회생활 중이다. 대화의 주제는 자녀들 학비로 이어졌고, 맞벌이는 선택이 아닌 필수가 되었다며 다들 신세 한탄을 시작한다. 왜 이러지…? 갑자기 심장이 두근거리기 시작하고, 멀미하듯 속이 울렁거린다. 본능적으로 몸이 먼저 반응하고 있다. 아 분명 다음은 남편 이야기가 나오겠구나.

"신입사원은 아이가 몇 살이에요? 학원 다니죠?"

"네, 영어랑 수학 다녀요."

"그럼 학원비도 만만치 않겠다. 중학교 가면 점점 더 들거든요. 남편이랑 학원비에 대해 의견 충돌 없어요? 우린 교육관이 너무 달라서 맨날 싸워요."

"네… 뭐. 저한테 맡겨요."

"남편분은 뭐 하세요? 우리 남편은 정년퇴직하고 무얼 할지 벌써 고민하던데."

"아 그냥… 회사 다녀요."

분명, 멀뚱멀뚱 듣기만 하는 신입사원에게 건네는 사교적 질문이었다. 하지만 나의 단답형 대답에 더 이상의 질문은 이어지지 않았다. 그 이후로도 무언가를 나에게 물을까 봐 늘 긴장한 채 주위를 살피거나, 무리에 다가가지 않기를 반복했다. 이혼이라는 인생의 변곡점과 함께 나 역시 외향인에서 불안한 내향인으로 서서히 변해가고 있음이 분명했다.

인사치레의 가벼운 질문조차도 나에게는 너무나 버겁고 감당하기 힘든 시기였다. 상황을 모면하기 위해 솔직함이 아닌 거짓말을 무기로 택했고, 그런 이후에는 가식적이고 위선적인 사람이 되어버린 것 같아 나 자신이 참 별로고 한심스럽게 느껴졌다. 솔직함을 택하기엔 자존심이 상했고 비참했다.

한 번은 퇴근길 전철 안에서 회사 상사를 만나 어색한 대화를 나누게 되었다. 사는 동네, 아이 나이, 남편 직장, 시댁 위치 등의 일상적인 질문에 답하느라 살얼음 같은 시간을 보낸 후, 가장 나다웠던 시절의 나를 잠시 기억해 보았다. 거침없고 솔직하고 유쾌했던 그때의 나를 잠시 그리워하다 갑자기 얼굴이 화끈거렸다. 내가 타인과 친해지려고 다가갔던 과정이, 지금 내가 곤란해하고 힘들어하는 과정과 똑같다는 걸 순간 깨닫게 되었다. 그때의 나는 상대의 답을 기다림과 동시에 다음 질문을 준비하느라 분주했다. 지금의 나는 그때의 상대방 표정을 살펴보고 있다. 많이 불편하고 곤란하지는 않았는지, 혹여나 그랬다면 많이 미안하고 참 부끄럽다.

내가 누군가에게 그랬었고, 지금 누군가도 나에게 말한다. 요즘 이혼은 흠도 아닐뿐더러 흔한 일이라며, 툭툭 털어버리라고 위로한다.

그 사람이 되어보지 않고는 아무도 모른다. 나에게 이혼은 참으로 아팠고, 익숙했던 모든 것이 불편한 재시작이 되었다. 하지만 이런 과정에서 요란하지 않게 상대를 배려하는 방법을 조금씩 배우고 있다. 마치, 내가 그렇게 위안을 얻고 싶은 것처럼 말이다.

    요즘 나는, 내가 받고 싶어 하는 질문들을 상대에게 질문해 보곤 한다.

    "요즘, 어떠세요?"

    "요즘 좋아지는 게 있으신가요?"

    "요즘 자주 듣는 노래 있으세요?"

My Story 4

나와 가장 친한 친구는
바로, 나였습니다

"친구들과 싸우지 말고, 사이좋게 지내야 해."
"양보해야 좋은 친구란다."
"친구가 많은 걸 보니 성격이 좋은 아이 같구나."
"곁에 친구가 많아야 외롭지 않고 행복할 수 있는 거야."

말귀를 알아듣기 시작하던 서너 살부터 많은 동화책과 어른들은 내게 속삭이듯 이야기해 주었다. 커갈수록 그 방식은 달랐지만, 줄기차게 또 친절하게 타인과 잘 지내는 방법들을 알려주었고, 자연스럽게 인생 규칙 1호처럼 내 의식 속에 자리 잡았다. 그 절정은 중학교 사춘기 시절이었던 것 같다. 학업보다는 친구 관계에 모든 레이더가 맞춰져 있었고, 친구에게 이상한 기운이 감지되면 며칠을 초조해하던 그때의 내가 보인다. 외로워질까 봐, 혼자가 될까 봐.

다행히 나는 제법 명랑한 리더 기질이 있었고, 친구나 동료들과 어울리느라 늘 바빴다. 일과 여행, 연애 또한 쉬지 않고 열심히 했으며, 그들 안에서 행복과 안정감, 에너지를 얻곤 했다. 특히 서로를 특별하게 여기며 사랑과 챙김을 나누는 몇 번의 연애를 통해 나도 누군가에겐 썩 괜찮은 사람이라는 자존감까지 키울 수 있게 되었다. 그렇게 에너지와 인맥이 절정일 즈음, 결혼을 하게 되었다. 결혼식에 참석한 수많은 동료와 친구들을 바라보며 인생규칙 1호를 무사히 이루어 낸 것 같아 기뻤고, 뿌듯했고 흡족했다.

하지만, 부러움과 기대를 한 몸에 받았던 인생 2막은 시작부터 꼬이기 시작했다. 혹여나 이런 내 상황을 들킬까 봐 소식을 묻는 지인들에게 핑계와 거짓말로 둘러대며 숨어 있기에 바빴다. 어쩔 수 없는 모임이나 지인을 만나는 날이면 몇 시간 전부터 거울 앞에 서서 나를 체크했다. 초라해 보이지는 않는지, 불안한 안색이 들킬 것 같은지 말이다. 만남의 시간이 즐거울 리 없고, 만남 이후에 몰아쳐 오는 후폭풍은 나를 더욱 비참하고 초라하게 만들었다.

이후, 나에게 '육아'라는 새로운 직장과 임무가 생겼다. 자연스럽게 생활 방식이 아이 중심으로 바뀌게 되었고, 전성기 시절 지인들과의 연락도 서서히 끊기게 되었다. 아이는 하루아침에 자라주지 않았다. 수많은 육아책과 맘카페에서 알려준 이유식 레시피, 오감놀이, 영재로 키우는 법은 중요하지 않았다. 엄마의 체력과 인내, 기다림과 고독을 잘 버티고 견뎌내는 게 현실 육아의 대부분이었다. 하루 종일 아이만 보살피다가, 아이가 잠시 잠들 때면 텅 빈 시간 속에 어색하게 남겨져 있는 나를 마주하게 되었다. 한 번 배워보지도 못하고, 배우려고도 하지 않았던 혼자와의 시간은 그렇게 불쑥 나에게로 왔다.

그러고 보니, '나와 친해지는 법'에 대해서는 왜 앞다퉈 알려주지 않았을까? 한 번도 배워보지 못한 채 나와 마주한 시간은 외로움과 공허함이 함께했다.

하지만 아이를 키우는 시간이 늘어날수록 온전히 내 것이라는 그 무언가가 켜켜이 쌓이고 있다는 걸 느끼게 되었다. 그게 무엇인지는 정확히 알 수 없었다. 작은 눈송이가 눈사람이 되어가듯, 천천히 그리고 꾸준히 그 형체가 서서히 선명해짐을 느꼈다.

그건, 다름 아닌 나 자신과의 만남이었다. 매일 반복되는 일상의 단조롭고 무덤덤한 시간들. 그 시간 안에는 나만을 한없이 바라보며 울고 웃어주는 내 아이가 있었고, 나를 제일 잘 아는 나 자신이 함께하고 있었다. 그 시간은 나에게 더 이상 관계에 목말라하며 애쓰거나 불안해하지 않아도 된다고 안아주었고, 잔잔히 위로해 주었다.

이혼을 하면서 관계는 더욱더 선명하게 정리되었다. 하나 둘 지인들을 떠올리며 관계에 대해 차분히 되짚어 보기 시작했다. 내가 최선을 다했던 남편 측의 가족들은 서류가 정리됨과 동시에 낯선 타인이 돼버렸다. 한때는 가족으로 나를 곁에 두던 그들이지만, 결국 관계를 위한 관계였음을 깨닫게 해주었다. 친해지기도 잊히기도 쉬운 그런 관계. 이젠 정말 나와 아이, 두 사람만이 남았다.

나의 딸은 내가 몹시도 좋아하는 여름날 태어났다. 나와 남편은 여름의 날개를 달고 인생을 훨훨 날아보라는 의미의 이름을 지어주었다. 온전히 나만 느낄 수 있는 비밀스러운 태동과 뱃속 딸꾹질, 풍선같이 부풀어 오르는 배까지 모든 게 신비롭고 행복한 열 달이었다. 특히나 만삭의 커다란 배 위에 손을 얹으면 아기의 심

이혼을 하면서 관계는

더욱더 선명하게 정리되었다.

하나 둘 지인들을 떠올리며

관계에 대해 차분히

되짚어 보기 시작했다.

내가 최선을 다했던 남편 측의 가족들은

서류가 정리됨과 동시에

낯선 타인이 돼버렸다.

한때는 가족으로 나를

곁에 두던 그들이지만,

결국 관계를 위한 관계였음을

깨닫게 해주었다.

친해지기도 잊히기도 쉬운 그런 관계.

이젠 정말 나와 아이, 두 사람만이 남았다.

장 박동이 손바닥에서 느껴졌고, 한 뼘쯤 위에서는 내 심장이 다른 박자로 뛰고 있었다. 방금 전의 일처럼 생생한 느낌과 감정은 잊을 수 없을 만큼 묘했고 벅찼다.

하나의 몸에서 두 개의 심장이 뛰었던 것처럼 나와 아이는 하나에서 둘로 차근히 분리되어 가는 중이다. 어른들만의 결정으로 이루어진 이혼. 나의 어린 딸에게 너무나도 미안하고 미안한 일이다. 아이는 어른들 사이의 불안한 분위기 속에서 최선을 다했고, 많은 애를 썼다. 뒤통수 머릿결만 보아도 아이가 어떤 상태인지 다 알 수 있는 엄마지만, 모른 척했다.

1학년 하교 시간. 전화기 너머로 한껏 흥분한 딸아이의 목소리가 노래처럼 들린다. 아픈 아빠가 시끄러워서 깨어날까 봐 TV 소리를 엄청나게 줄이고 봤다며 자랑하는 아이. 전화를 받지 않는 아빠가 걱정돼 붕어빵을 포기하고 집으로 달려갔다며 뿌듯해하는 아이. 한창 응석 부려야 할 아이는 어느 순간 다 큰 어른을 걱정하고 배려하기 시작했다. 하지만 인어공주의 목소리처럼 아이다움을 점점 빼앗기고 있었다. 그럴 때마다 날것 그대로 아이에게 이야기해 줘야 맞는지 깊은 갈등에 휩싸였다. 하지만 아빠에게 늘 목말라 있는 아이였고, 좋아하는 아빠를 미워하게 될까 봐 말하지 않았다.

내 딸은 내가 낳은 가장 가까운 타인이다. 어떠한 타인의 시선보다 가장 의식되고 긴장할 수밖에 없는 타인. 아이가 우리를 어떻게 바라보고, 어떤 식으로 내면에 흡수하고 있는지 알 수 없다. 긴장감을 놓치지 말고, 아이가 나에게 말을 걸어올 때까지 기다리기로 했다.

이혼 후 이사를 하고 아이는 4학년으로 전학을 가게 되었다. 모든 게 낯설고 외로울 텐데 학교 생활을 잘하고 있는지 내내 마음이 쓰였다. 어느 날 전학 간 학교에서는 다감일기를 써야 한다며 어떻게 쓰는 거냐고 아이가 물어왔다. 다행인 일 한 가지, 감사한 일 한 가지를 매일 간단하게 적는 행복일기 같은 거였다.

아이에게는 귀찮은 숙제 하나가 늘어난 것뿐이었겠지만, 나에겐 걱정의 답안지가 생긴 기분이었다. 한 달쯤 지나 담임선생님에게서 연락이 왔다. 코로나 때문에 줌 공개수업을 할 예정인데, 아이의 다감일기 내용을 수업 표본으로 활용해도 되겠는지 조심스럽게 물어보셨다. 다감일기의 취지와 가장 근접한 내용이기도 하고, 아이에게 자신감을 선물할 좋은 기회가 될 것 같다는 속 깊은 말씀도 함께 해주셨다.

퇴근 후, 말씀해 주신 날짜의 다감일기를 들춰 보았다.

4월 21일

다: 나는 아빠랑 떨어져 산다. 아빠는 아프셔서 병실에서 지내신다.
근데 오늘 아빠를 만나게 되었다. 다행이다!

감: 오늘 간식으로 약과가 나왔다. 아빠가 맛있게 먹어서 감사하다! 아픈 것도 없다고 한다. 하늘께 감사하다.

선생님의 손글씨 메모

우리 ○○이가 약과를 먹지 않은 이유구나! 감동이야. 책상 속에 약과 하나 넣어 두었으니까, 그건 꼭 ○○이가 먹으렴. 이건 비밀♡

따뜻하고 좋은 어른이 곁에 있어 얼마나 다행스럽고 감사한지 모른다. 선생님의 메모를 본 아이는 자신을 뿌듯해하고 좀 더 사랑하게 되지 않았을까?

나와 꼭 닮은 딸아이에게 늘 이야기한다. 제일 먼저 자신과 가장 친한 친구가 되어주라고. 그래야 타인과 건강한 행복을 나눌 수 있다고 말이다. 내가 하지 못했던 지난날의 뒤바뀐 순서를 바로잡아 주고 싶다. 결혼과 출산, 이혼이 없었더라면 나는 평생을 사람 수와 타인의 시선에 얽매여 살아가고 있었을지도 모른다.

나는 지금, 일정한 속도를 유지한 채 멈추지 말고 달려야 하는 마라톤 선수와 같은 인생을 살아가야 한다. 그러기 위해서 오늘도 나를 잘 살피고 나와 먼저 잘 지내보기로 한다.

"안녕! 우리 오늘 뭘 할까?"

"오늘은 맥주 한 캔 사서 〈퍼펙트 데이즈〉 영화 보러 갈까?"

My Story 5

우리는 더 행복하기 위해 헤어집니다

"자기소개 부탁드려요."

1차 서류 이력서가 통과하면 2차 면접이 기다리고 있었다. 최대한 요즘 유행에 뒤처지지 않는 옷차림과 말투로 서류에 적힌 나이가 면접자 눈에 들어오지 않게 최선을 다해 준비했다. 가족이나 남편, 아이의 소개가 아닌 오롯이 나를 소개해야 하는 시간. 그 자리가 떨리고 긴장되었지만, 사실 난 무척이나 좋았다.

40여 분 동안 온전히 '나'에 대해서만 질문받고 대답할 수 있는 면접 시간은 합격 여부를 떠나 행복하기까지 했다. 나는 그 시간이 참 많이도 그리웠던 것 같다. 절실함과 진심으로 임하는 자세 덕분일까? 2차 면접은 대체로 합격의 기쁨을 가져다주었다.

　첫 출근 날짜에 맞춰 입사 준비서류를 하나둘 준비하다 보니 여기저기서 현재의 내 상황이 보이기 시작했다. 주민등록등본은 여백이 너무 많아 나와 아이의 이름 두 줄이 오히려 도드라지게 눈에 들어왔고, 입사 계약서 비상연락망에는 누굴 적어야 하나 잠시 머뭇거리기도 했다.

　이혼하고 얼마 지나지 않아 이직했던 터라 모든 게 조심스러웠고, 다시 위축되던 시기였다. 지금 생각하면 말도 안 되는 걱정이지만, 기업이 원하는 인재상에서 이혼이 결격 사유가 되면 어쩌나 걱정하며 마치 위장취업을 하는 사람처럼 조마조마했던 기억이 난다.

　크고 작은 사건 사고들을 매일 마주하면서도 나와는 무관하며 평생 비켜 갈 수 있다고 자만하던 나였다. 이혼과 함께 준비되지 않은 힘든 일들을 겪으며 나의 자존감은 무너졌고, 일상의 리듬조차 버거운 시기를 보냈다. 나는 모든 면에서 깨어 있는 쿨한 사람인 줄 알았다. 하지만 타인의 시선과 편견, 관습에 똘똘 뭉쳐 있는 사람이란 걸 이혼 후의 내 모습을 통해 깨달았다.

　어렵게 입사한 회사에 첫 출근을 하고 퇴근 시간이 다가왔다. 새로운 동료들의 환대를 받으며 시작의 설렘을 만끽하기에는 마음 한편에 해결해야 할 나만의 숙제가 있었다. 왜 그런 생각을 했는지 모르겠지만, 매

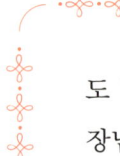

도 먼저 맞아야 할 것 같아 준비한 서류를 들고 본부장님실로 갔다.

"네! 어서 오세요, 오늘 하루 어떠셨어요?"

최종 면접 때 뵀었던 본부장님은 첫인상 그대로였다. 명쾌한 말투에 활력이 넘치고, 상대를 존중하는 매너와 다정함 속에 예리한 카리스마를 지닌 멋진 여성이었다. 서류를 제출하며 잠시 드릴 말씀이 있다고 하자, 참 부지런히도 준비해 왔다며 활짝 웃으셨다.

"저, 사실은 제가 한 부모입니다. 면접 때 미리 말씀드리지 못해서 죄송합니다…."

나를 잠시 응시하던 본부장님은 안경을 벗으시더니 손을 불쑥 내밀며 악수를 청하셨다

"용기 내 얘기해 줘서 정말 고마워요!!! 전혀 문제되지 않아요!!"

이렇게나 명료한 격려와 가뿐한 위로라니. 이혼 후 첫발을 내디딘 사회에서 다시 잘 일어설 수 있을 것만 같았다. 지금도 고비가 있을 때마다 꺼내보는 잊지 못할 순간이다. 덕분에, 그날 이후 면접을 볼 때면 솔직한 내 상황을 먼저 말씀드리는 용기를 가질 수 있었다.

또 다른 여자 대표님께서는 면접이 끝나자, 회사 옆 텃밭으로 데리고 가서 상추며 블루베리, 토마토를

잔뜩 따주신 기억이 난다. 아이와 맛있는 저녁시간 보내라는 말씀과 함께 용감하고 멋진 여성이라며 날 안아주셨다.

자전거 바구니에 텃밭 채소를 한가득 담고 달려오며, 지금의 나는 결코 초라한 게 아니라 용기 있는 엄마라는 사실을 마음속에 꽉꽉 채워놓은 잊지 못할 날이다. 그날의 인연으로 매해 작은 텃밭을 가꿀 수 있게 해주셨고, 올해도 방울토마토와 감자, 고추를 텃밭에 키우면서 아이와 함께 소중한 추억을 쌓고 있다.

매번 남는다고 가져가라고 하시지만, 사실 여분의 간식까지 늘 챙겨오시는 독서모임 호스트. 스치듯 말한 아이 생일날, 아이를 위한 책 한 권과 메모를 조심스레 남겨주신 다정한 분. 공짜로 얻은 공연 티켓이니 부담 갖지 말고 아이와 함께 보라고 살며시 전해주신 고운 분. 간단한 수술을 받고 돌아왔는데, 다음 날 새벽 미역국과 전복죽을 끓여 찾아온 동네 언니. 아이 졸업식 날 나를 위한 와인 한 병과 아이 용돈, 편지를 불쑥 건네준 멋진 어른. 칭찬에 인색하고 깐깐한 대표님의 "40대의 편견을 깨뜨려 주신 분"이라는 말 한마디.

불쑥불쑥 우울함과 고비가 찾아올 때마다 예상에 없던 위안과 응원을 받고 기운을 차릴 수 있었던 건 나를 잘 아는 가까운 지인과 가족 때문이 아니었다. 그저 돈을 벌기 위해 사회에서 만난 낯선 어른들이었다. 그분들은 더 이상의 질문이나 앞서간 조언 없이 잔잔하고 단단한 격려와 사소한 친절을 꾸준히 나누어 주셨다. 조용히 한 발짝 물러선 위치에서 한 부모라는 마음의 짐과 고단함이 얼마나 크고 힘든지 눈빛으로 공감해 주셨다. 그 커다란 짐은 아무나 견딜 수 없는 것인데 참 기특하고 대견하다며 마음으로 안아주신 분들이다.

유창하고 화려한 위로가 아니어도 충분했다. 잔잔한 말 한마디, 별거 아니라는 챙김 하나에 내 마음속 세계는 요동쳤다. 무엇보다 최선을 다하고 있는 나의 상황을 존중해주고, 사소한 친절로 자존심을 챙겨주는 그분들이 있어서 너무나 다행이다.

이혼이 한참 진행 중이던 어느 날, 퇴사한 지 12년이 넘은 나의 첫 직장에서 느닷없이 한우선물 박스를 보내왔다. 내 청춘과 15년을 함께했던 나의 전 직장이 이번에 매출 1조 원을 달성했다는 기쁜 소식과 함께, 당신이 함께하지 않았다면 이루어 내지 못할 성과였다는 대표님의 자필 편지가 들어 있었다. 눈시울이 뜨거워지며 만감이 교차했다. 지금 함께하지 않으니 지나간 시간은 이미 다 사라졌다고 생각했다. 하지만 내가 그곳에서 보낸 시간이 절대 헛되지 않았음을 다시 한번 일깨워 주셨다. 얼마나 다행이고 감사한지 몰랐다.

지금은 우리가 이혼했지만, 우리의 지나간 시간 또한 행복했고 소중했으며 헛되지 않았다. 하지만 행복하기 위해 최선을 다했던 그날을, 최선을 다해 떠올리지 않으려고 애쓰곤 했다. 지금 우리의 현실이 너무나도 슬퍼질까 봐, 더 이상의 기록을 멈추고 추억의 사진을 덮어두며 외면했었다. 헤어짐이라는 건 뭘까? 너무나도 가까웠다면 너무나도 멀어져야 하는 법칙 같은 걸까? 그래야만 헤어짐에 대한 책임과 의무를 잘 마칠 수 있는 걸까?

친정엄마에게서 연락이 왔다. 권위적이고 보수적인 남편의 비위를 맞추며 개성 강한 네 남매를 키워낸 엄마이다. 지금의 내 나이에 암으로 돌아가신 아빠의 병시중을 단 한 번도 피곤한 내색 없이 해낸 나의 엄마. 그 고단한 세월 안에서 마음의 단단함과 유연함, 받아들임의 지혜로움을 터득한 여자.

"봄날이 너무 화창하네! 밥은 잘 챙겨 먹는 거지? 엄마가 단단해져야 아이도 단단해지는 거야~. 언제든 먹고 싶은 거 있으면 엄마 집으로 달려와, 아가."

애타고 속상한 마음을 꼭꼭 감추며 아무 일 없다는 듯, 밥 먹으러 오라는 다정한 나의 엄마. 그 속마음은 얼마나 애타고 아프고 새까맣게 타들어 갔을까…?

문득 이혼에 대해 고민하고 힘들어하던 시기에 엄마가 나에게 들려주셨던 이야기가 떠올랐다.

"너희 둘의 인연은 아무리 붙잡아도 오래가기는 힘들 거야. 가장의 짐을 내려놓고 혼자가 되면 병에 집중하면서 건강하게 오래 살 수 있을 것 같다잖니. 원하는 대로 해줘. 아이를 위해 불쌍한 사람 돕는다고 생각해. 그래야 네가 다시 일어설 수 있을 거야. 괘씸하지만 어쩌겠니, 아이 아빠잖아."

만약 내 딸이 나와 같은 과정을 겪는다면 난 어떤 말로 위로해 줄 수 있을까 잠시 생각해 보았다. 지금 난 누굴 위해 검은 감정의 소용돌이 속에서 허우적거리고 있는 걸까?

생각과 관점을 바꾸기로 했다. '우리'라는 울타리에서 그를 바라보지 않고, 각자의 삶을 살아가는 '타인'으로 바라보기로 했다. 나와 그의 관계는 끝났지만, 아이와 그는 운명으로 맺어진 관계이며 두 사람은 가장 가까운 관계로 지속돼야 할 존재로 인정하고 존중해주기로 했다. 아이의 학교 담임선생님을 대하듯, 단짝 친구의 부모님을 대하듯 환영해 주고, 친절하게 조심스럽게 먼저 손 내밀어 주었다. 그래야, 내 아이가 조금 더 안정되고, 조금 더 행복할 수 있으니까. 그리고 아이에게 아빠의 자리만큼은 꼭 지켜주고 싶었으니까.

그 역시, 꺼내고 싶지 않고 인정하고 싶지 않은 마음의 짐과 고민이 있을 거라 생각한다. 경제적인 준비도 안 된 상태에서 덜컥 가장이 되어버렸고, 불치병까지 얻게 된 그는 어디론가 도망가고 싶었을 게다. 어릴 적 받지 못한 사랑과 인정을 나에게 받길 원했고, 많이 갈구했을 거다. 그 풀지 못한 외로움과 아픔, 마음의 짐을 어렴풋이 알 수 있었지만 모른 척했었다. 그런 남자가 내 아이의 아빠이기도 하다. 우리는 서로를 위해 많이 도와야 한다.

처음에 그는 달라진 나의 행동에 당황했고, 혼란스러워했다. 서로 간에 오해가 생기면 내가 전달하고자 하는 메시지와 아빠로서 해야 할 역할에 대해 도움을 청하고 부탁했다. 그는 서서히 변해갔고, 아빠로서 자리를 잘 잡아주었다. 어쩌면 그도 아이에게 도움을 주고 사랑을 줄 수 있는 기회를 늘 엿보고 있었는지도 모른다.

우리는 셋이 종종 만난다. 예전에 함께 키우던 강

아지 마요가 투병을 할 땐 서로의 집을 오가며 보살폈고, 무지개다리를 건너는 날에는 셋이 함께 많은 눈물을 흘렸다. 딸아이가 초경을 하던 날에는 장미꽃과 향수를 사 들고 와 축하해 주며 기쁨의 눈시울을 적시고, 친구 문제나 학업 문제가 있는 경우에는 한걸음에 달려와 나와 상의하곤 한다.

몇몇 지인들은 그런 우리를 의아하게 바라보며 혹시 그 남자에 대한 미련이 있는 건 아니냐며 조심스럽게 물어보곤 한다. 난 그저 잘 헤어지고 싶을 뿐이다. 이별했다고 해서 인생의 한 페이지였던 그때의 추억까지 싹둑 잘라내며 도려내고 싶진 않다. 그러기엔 인생은 너무나 짧고, 모두가 소중한 나의 이야기들이다.

누군가에게 보상받기 위한 삶이란 생각을 내려놓으니 한결 편안해졌다. 각자의 자리에서 편안함과 만족을 찾아야만 서로에게 다정한 곁을 내어줄 수 있는 것 같다. 다행히 그도 편안해 보였고, 조금씩 행복해지는 것 같아서 마음이 놓인다. 안타깝지만 우린 헤어졌고, 그 결정이 조금 더 행복해질 수 있도록 힘껏 애써야 한다.

나는 오늘도 나의 행복을 위해 자전거를 타고, 여름밤 편의점 파라솔 아래에 앉아 캔맥주도 마시고, 작은 서점의 독서 모임도 나간다. 그리고 이렇게 나를 위

한 글도 쓰고 있다. 그도 나처럼, 한정된 인생시계 안에서 열심히 행복해지길 진심으로 바란다.

몇 년 후, 지금의 나를 떠올린다면 다 이유와 의미가 있는 시간을 겪어왔다고 말하고 싶다. 나의 인생은 해피엔딩인 한 편의 영화가 되진 못했지만, 각자의 이야기가 모인 근사한 옴니버스 영화 한 편이 되길 기대해 본다.

백시하 작가 약력

- 현 베이비브레찌 한국지사 브랜드본부 근무
  - 전 임페리얼포슬린 한국수입총판
  - 전 컴퓨터 종합쇼핑몰 1위 기업 경영지원팀 차장
- 현 은공예작가
  - 현 수입소품 인테넷 쇼핑몰 운영
  - 전 리빙공방 운영
  - 은공예 자격증 보유

에필로그

 초등학생 교과서에 실린 삽화를 자세히 보고 있으면 흥미로운 점을 발견할 수 있다. 아이들의 피부색과 머리색, 눈동자 색깔이 다양하게 그려져 있다. 이젠 우리나라에서도 쉽게 찾아볼 수 있는 다문화 가정의 친구들이 곁에서 함께 생활한다는 사실을 자연스럽게 받아들일 수 있게 하기 위함이다.
 휠체어를 탄 친구가 땀 흘리며 체육활동을 하는 모습이나, 선글라스를 쓰고 한 손엔 지팡이를 든 친구가 함께 체험학습을 가는 모습이 그려지기도 한다. 앞서 말한 것과 같은 의도로, 장애인 친구들에 대한 심리적 거리감을 좁히기 위함이다.
 이처럼 은은하게 서로 다른 이들에게 익숙해질 수

있게 하는 주제가 있는가 하면, 보다 직접적으로 편견과 선입견을 걷어내기 위해 수업 내용으로 선정해 구체적으로 다루는 주제도 있다.

가장 대표적인 예가 바로 다양한 가족의 형태이다. 실제로 가족과 관련된 수업은 여러 교과, 여러 학년에서 다뤄지는 내용이기도 하다. 예전엔 가족의 형태라 해봐야 핵가족과 대가족 정도를 배웠던 걸로 어렴풋이 기억하는데, 요즘 교과서에서 다루는 가족은 실로 다양하다. 한부모 가정부터 재혼 가정, 조손 가정, 다문화 가정, 입양 가정, 1인 가정, 딩크족과 반려동물과 함께 사는 사람들까지.

교과서에서는 시대가 바뀌고 사람들의 가치관이 다양해짐에 따라 가족의 형태 역시 다양해지고 있다고 말한다. 그리고 강조한다. 모든 가족은 각자의 방식으로 살아가고 있고, 사랑하고 있으며, 가족의 형태를 두고 편견과 선입견, 차별이 있어선 안 된다고.

교과서가 고리타분하다고 하지만, 사실 그 안엔 살아가면서 반드시 담아두어야 할 지식과 가치가 많이 담겨 있다. 남을 향한 섣부른 편견을 없애기 위한 교육 또한 우리 모두 머리와 가슴에 꼭 담아두어야 할 내용임이 틀림없다.

초등학생들이 '25년 후 나의 가족'이란 주제로 그린 작품들을 봤다. 흔히들 생각하는 가정의 형태처럼 결혼해서 남편이나 아내와 함께 자녀를 낳고 알콩달콩 살겠다는 아이들도 있지만, 그보다 훨씬 많은 아이가 자기만의 재밌는 삶의 모습을 꿈꾼다는 점은 매우 놀라웠다.

유명한 수학 강사가 돼, 돈 잘 벌어 강아지와 고양이 여러 마리를 키우며 혼자 살겠다는 친구. 결혼 안 하고 지금처럼 엄마, 아빠 옆에 꼭 붙어 살겠다는 여자아이. 절대 연인 사이도, 부부 사이도 아니지만 코드가 잘 맞고 재밌으니까 같이 살겠다는 남녀 짝꿍. 담배 피우는 아빠는 형이랑 내보내고 자기랑 엄마, 할머니만 같이 살겠다는 친구. 세계 여러 나라 음식을 먹고 싶어 다양한 나라의 여자들과 결혼하고 싶다며 글로벌 일부다처제를 꿈꾸는 남자아이.

돈도 잘 벌면서 결혼 안 하고 강아지, 고양이 밥 주면서 사는 게 좋아? 아직까지 부모님 집에서 지내는 거 눈치 안 보여? 너희들 동거하는 거 주위에서 알아? 결혼할 여자가 일본인이라고 했을 때 부모님 별말씀 안 하셨냐? 아마, 어른들이었다면 옆에서 한마디씩 하느라 난리가 났을 거다.

하지만 아이들은 자신의 미래를 상상하고, 친구의

세상을 지켜보는 게 그저 신나 보였다. 25년 후의 나를 생각할 땐 누구의 시선도 신경 쓰지 않았고, 25년 후 친구를 바라볼 땐 응원과 박수를 보냈다. 벽에 붙어 있는 작품들을 보고 있자니 별거 아닌데도 웃음이 나는 게 어린 시절 호기심과 천진난만함이 되살아나는 기분이었다.

어쩜 그리 맑게도 타인과 세상을 바라볼 수 있을까? 교과서에서 배워서일까? 아니. 아이들의 때 묻지 않은 순수함이 남아 있기 때문이다. 세상이 아이들처럼 서로의 '차이'를 대수롭지 않게 바라볼 수 있으면 좋겠다는 상상을 한다. 그 '차이'에 쓸데없는 생각이나 터무니없는 확신을 더하지 않았으면 하고, 또 제멋대로 판단하지 않았으면 한다.

우리의 이런 바람은 어찌 보면 당연하다. 혼자서 아이를 키운다는 사실 때문에 남들의 시선이 잠시 더 머무는 게 편치만은 않으니까. 그런데 이 바람은 어쩌면 당사자인 우리만의 것이 아닌, 모두의 바람이지 않을까? 나름의 사연이 있는 수많은 부모님과 그 자녀들. 낯선 타국에서 살고 있는 이들이나 몸이 조금 불편한 분들. 어쩌면 원치 않은 상황에 놓여 있는 셀 수 없이 많은 사람들까지.

좀 더 아름다운 세상을 위해 모두가 어릴 때 가졌던 순수함을 다시금 내비칠 수 있길 바란다. 서로가 가진 다름을 자연스럽게 바라볼 수 있길. 각자가 가진 삶의 모습이 다르다는 이유로 누군가가 고개 숙이지 않길 바란다.

서로 다른 형태의 한 부모로 살아가고 있는 다섯 명의 우리는 봄날에 만났다. 누구 하나 자신이 한부모 가정의 당사자가 될 것으로 생각하지 않았다. 그러나 우린 이렇게 만났다.

새벽마다 글쓰기를 함께했고, 일요일 새벽 6시부터 서너 시간씩 원고를 통해 서로의 이야기를 나누었다. 세상을 형형색색으로 채우고 있는 수많은 가정 중에서 자신만의 반짝이는 가정을 품고 살아가고 있었다.

당시의 기억이 지나치게 또렷해서 떠올릴 때마다 고통이 느껴진 적도 있었다. 한 글자도 써 내려가지 못하고 울기만 했다. 자신의 글을 읽다가 목이 메어 읽지 못한 날도 있었다. 서로의 글들을 보며 화면 속 활자만으로도 그동안 겪었을 외로움과 고단함, 아픔이 심장으로 고스란히 전해졌다. 어느샌가 뜨거운 눈물이 뺨을 적셨고, '나만 이렇게 아프고 어려웠던 게 아니구나!' 하는 안도와 위안을 받은 치유의 시간이기도 했다.

　어쩌면 우리는, 그 시간을 통해 잔뜩 움츠린 볼품 없는 나를 사랑하는 방법에 대해 배웠는지도 모른다.

　긴 여정의 글쓰기 여행은 서툰 나를 만날 수 있어 좋았고, 감사했다. 감정의 대청소를 할 수 있었던 글쓰기 여정은 어렵고 아팠지만, 후련하고 개운했다. '언젠가 입겠지' 하고 옷장에 넣어둔 옷처럼 마음속에 켜켜이 쌓아둔 낡은 감정을 과감히 정리하고 비울 수 있었다. 그 과정에서 아끼던 옷을 우연히 발견한 것처럼 잊고 있던 나를 만날 수 있어서 반가웠다.

　때론, 아픈 기억이 떠오를까 봐 완전히 덮어둔 채 싹둑 도려내고 싶은 시간도 있었다. 하지만, 추억들은 쏙쏙 골라내 남겨두기로 했다. 지금 곁에 없다고 해서 그때의 추억까지 모두 지우기엔 너무나도 아까운 내 인생이므로.

　오롯이 나를 들여다보기 시작하면서 스스로에게 박수를 보내고 싶은 시간 역시 늘어났다. 다 치유된 줄 알았던 그때를 다시 꺼내 곱게 매듭을 지어준 것만 같았다. 그런 아픔을 뒤로하고 오늘을 사랑하고 내일을 준비했던 멋진 순간들이 떠올랐고, 꺾인 마음을 다시 펴고 감사하고 행복해할 줄 아는 자신도 볼 수 있었다.

마음의 상처는 깊이 숨겨두고 있으면 더 끙끙 앓게 된다. 혹은 제대로 치료받지 못하고 억지로 꾹꾹 눌려 있다가 시간이 지난 뒤 터지기도 한다. 조금이라도 밖으로 드러내야만 그 상처는 조금씩 아문다. 그 기회가 책을 집필하는 것이어서 참으로 감사했다. 우리의 글이 누군가에게는 울림이 되고, 누군가에게는 도움이 되고, 전혀 알지 못했던 누군가가 한 번 더 생각하는 기회가 된다고 생각하니 가슴이 뜨거워진다. 버거웠던 큰 아픔들과 그럼에도 불구하고 여전히 빛나던 나날들. 천천히 글로 써 내려가는 동안 마음속에는 조금씩 평온과 행복이 자리 잡았다. 그리고 이젠 하루하루 더 나아가는 다음을 꿈꾸고 있다.

부록
한부모지원 정보 안내

1. 저소득 한부모가족지원 신청 안내
2. 한부모가족 자녀양육 지원 안내
3. 한부모가족 복지시설 지원 안내
4. 상담연락처 안내

자료 출처
· 여성가족부(www.mogef.go.kr)
· 한국한부모가족복지시설협회
  (www.womenbokji.or.kr)

#1
저소득 한부모가족지원
신청 안내

■ 신청방법
▶ 거주지역 주민센터 방문 신청
▶ 온라인 신청(https://bokjiro.go.kr)

■ 신청대상 및 절차
▶ 본인 또는 친족, 한부모가족 복지시설종사자, 사회복지 전담공무원 등
▶ 신청 ⇨ 통합조사(소득, 재산, 근로능력 등) ⇨ 지원결정 ⇨ 통지 ⇨ 급여서비스(지급) ⇨ 변동관리 ⇨ 지급 계속 또는 중지

■ 제출서류
사회복지서비스 및 급여 제공(변경) 신청서, 소득·재산 신고서, 금융정보 등 제공동의서, 청소년한부모자립지원 제공신청서(청소년한부모에 한함), 가족관계기록에 관한 증명서(가족관계기록에 관한 증명서로 부양의무자를 확인할 수 없는 경우에는 제적등본), 임대차계약서(해당자에 한하여 제출), 외국인등록사실증명서(해당자에 한하여 제출)

■ 신청기한: 연중

2
한부모가족 자녀양육 지원 안내

■ **개요:** 저소득 한부모가족의 아동양육비, 아동교육지원비, 생활보조금 등의 지원을 통해 아동의 건강한 성장과 가정의 생활안정 도모

■ **지원대상:** 사별, 이혼 등에 의한 한부모가족으로 다음 조건을 모두 충족하는 자
 ▶ 한부모가족증명서 발급대상
  - 세대주인 모 또는 부가 18세 미만
   (취학 시 22세 미만)의 자녀를 양육하는 경우
   * 부모로부터 부양을 받지 못하는 18세 미만
    (취학 시 22세 미만) 손자녀를 (외)조부 또는
    (외)조모가 양육하는 조손가족 포함
  - 가구 소득인정액 기준 중위소득 63% 이하인 경우
 ▶ 한부모가족 복지급여 지급대상
  - 세대주인 모 또는 부가 18세 미만의 자녀를
   양육하는 경우
   * 단, 고등학교 재학(고3 12월까지) 중인 경우
    22세 미만 자녀까지 지원

※※ 부모로부터 부양을 받지 못하는 18세 미만
손자녀를 (외)조부 또는 (외)조모가 양육하는
조손가족 포함
- 가구 소득인정액 기준 중위소득 63% 이하인 경우

■ 지원내용: 한부모가족증명서 발급 및 복지급여 지급
(자세한 지원금액은 여성가족부 홈페이지 참조)

■ 지원대상에서 제외되는 가구
▶ 아동양육비
- 아동복지법에 의한 가정위탁양육보조금을 받는 경우
▶ 아동교육지원비(학용품비)
- 국민기초생활보장법에 의한 교육급여
- 긴급복지지원법에 의한 교육지원
▶ 생활보조금
- 국민기초생활보장법에 의한 생계급여를 지원받는 경우
- 긴급복지지원법에 의한 생계지원을 받는 경우
- 아동복지법에 의한 가정위탁양육보조금을 받는 경우

■ 신청방법
복지로 누리집(www.bokjiro.go.kr), 주민등록 소재지 관할
읍·면·동 행정복지센터/주민센터를 통해 온·오프라인
연중 신청 가능 ⇨ 시·군·구청에서 지원 여부 결정 및 지원
* 신청서식, 구비서류 등 자세한 사항은 읍·면·동
행정복지센터/주민센터에 문의

■ 문의: 해당 읍·면·동 행정복지센터 / 주민센터,
가족상담전화(1577-4206)

#3
한부모가족 복지시설 지원 안내
(※ 당해연도 〈한부모가족지원사업 안내〉 참고)

- **개요**: 저소득 무주택 한부모가족에게 한부모가족복지시설 등 주거·양육지원을 통해 사회 경제적 자립 기반 조성

- **지원대상**: 무주택 저소득 한부모가족
  (모·부가족, 미혼모·부자가족, 조손가족)

- **지원내용**: 주거·양육, 심리 상담·치료, 직업연계 교육 등 자립 지원, 임신미혼모의 경우 출산 지원

- **신청절차 및 방법**: 입소 상담(시설 또는 시·군·구청)
  ⇨ 입소 신청서(시·군·구청 또는 읍·면·동 주민센터) ⇨ 입소자격 확인(시·군·구청)
  ⇨ 시설입소

- **문의**: 시·군·구청 한부모가족 지원 담당부서,
  가족상담전화(1577-4206)

1. 출산지원시설

■ **입소대상 및 기능**: 임신한 한부모와 출산 후(1년 이내) 한부모 및 그 자녀(3세 미만)에게 건강관리, 새로운 변화에 적응할 수 있는 서비스 집중 지원

■ **입소기간**: 1년 6개월(연장가능기간 6개월)

■ **지원내용**: 주거 및 식사 제공 / 분만의료 혜택 / 자립지원 / 자립지원 활동 중 양육공백 지원(시설 아이돌봄 서비스 지원) / 기타 국가 또는 지방자치단체가 정하는 경비 지원(연계 또는 정보 제공)

■ **시설현황**

번호	시설명	주소	전화번호	시설유형
1	마리아의집	강원도 춘천시 스무숲2길 16-3	033-262-4617	출산지원시설
2	희망의집	경기도 안산시 단원구 신천로2길 9-9, 3층	031-493-3622	출산지원시설
3	생명의집	경기도 용인시 기흥구 중부대로 807-10	031-334-7168	출산지원시설
4	새싹들의집	경기도 군포시 당산로161번길 10	031-457-4383	출산지원시설
5	생명터 미혼모자의집	경남 창원시 마산회원구 내서읍 호계본동2길 15-1	055-231-0582	출산지원시설
6	누리영타운	경북 경주시 새골길 1	054-775-6207	출산지원시설
7	엔젤하우스	광주광역시 남구 용대로 91	062-651-8585	출산지원시설
8	가톨릭푸름터	대구광역시 수성구 들안로32길 96-11	053-764-8536~7	출산지원시설
9	대전자모원	대전광역시 대덕구 덕암로 118길 47	042-934-6934	출산지원시설

10	마리아모성원	부산광역시 서구 천해남로 7	051-253-7543	출산지원시설
11	애란원	서울시 서대문구 연대동문길 138	02-393-4723	출산지원시설
12	애란세움터	서울특별시 강서구 강서로47길 61-22	02-703-4406	출산지원시설
13	마포애란원	서울특별시 마포구 새창로4나길 5	02-711-4725	출산지원시설
14	마음자리	서울특별시 강서구 화곡로 53나길 53	02-2691-4365	출산지원시설
15	(사)깨달음과 나눔 도담하우스	서울특별시 송파구 성내천로 237가길 6-4	02-449-8893	출산지원시설
16	구세군두리홈	서울특별시 서대문구 독립문로 8길 41	02-363-5722	출산지원시설
17	미혼모의집 물푸레	울산광역시 중구 성안10길 16	052-903-9200	출산지원시설
18	인천자모원	인천광역시 중구 우현로50번길 23-2	032-772-0071	출산지원시설
19	성모의집	전남 목포시 원호길5번길 24	061-279-8004	출산지원시설
20	기쁨의하우스	전북 익산시 배산로3길 24-19	063-853-9616	출산지원시설
21	헬로우아지트	제주도 제주시 신성로 14-2	064-743-2012	출산지원시설 (비양육모)
22	애서원	제주도 제주시 청수동4길 30	064-773-2010	출산지원시설
23	구세군아름드리	충남 천안시 동남구 태조산길 142-28	041-568-0691	출산지원시설

2. 양육지원시설

■ **입소대상 및 기능**: 6세 미만 자녀를 동반한 한부모에게 자녀 양육 관련 서비스 집중 지원

■ **입소기간**: 3년(연장가능기간 1년)

■ **지원내용**: 주거 등 생활 지원 / 자립프로그램 실시 / 자립지원 활동 중 양육공백 지원(시설 아이돌봄 서비스 지원) / 기타 국가 또는 지방자치단체가 정하는 경비 지원(연계 또는 정보제공)

■ **시설현황**

번호	시설명	주소	전화번호	시설유형
1	요셉의집	강원도 춘천시 스무숲1길 32-5, 3층	033-242-4617	양육지원시설
2	행복의집	경기도 안산시 단원구 신천로2길 9-9, 313호	031-493-3633	양육지원시설
3	새롱이새남이집	경기도 성남시 수정구 복정로 118번길 15-10	031-755-5453	양육지원시설
4	모성의집	경기도 용인시 기흥구 중부대로 807-10	031-321-7168	양육지원시설
5	로뎀의집	경기도 화성시 향남읍 행정중앙 2로 38 신영지웰2차 201동 301호	031-8050-3396	양육지원시설
6	경기도 천사의집	경기도 동두천시 생연로 39-74	031-864-2004	양육지원시설
7	고운뜰	경기도 수원시 팔달구 경수대로 616번길 17-3	031-216-9081	양육지원시설
8	엄마와아기	경남 통영시 광도면 죽림양지길 62	055-643-3479	양육지원시설
9	생명터	경남 창원시 마산회원구 내서읍 호계본동2길 15-1	055-244-1784	양육지원시설
10	경북샤론의집	경북 경산시 중앙로19길 38	053-816-1016	양육지원시설
11	평안의집	광주광역시 남구 용대로 115, 101동 105호(무등파크맨션1차)	062-652-0556	양육지원시설
12	편한집	광주광역시 광산구 어등대로 563번길 29	062-944-9339	양육지원시설

13	광주클로버	광주광역시 서구 화운로 164	062-361-5900	양육지원시설
14	대한사회복지회 잉아터	대구광역시 동구 동촌로25길 30-9	053-753-1396	양육지원시설
15	대구클로버	대구광역시 달서구 두류공원로 259, 4층	053-654-0181	양육지원시설
16	햇살누리의집	대전광역시 서구 변정6길 58-1, 201호	042-524-3129	양육지원시설
17	아침뜰	대전광역시 중구 보문산로 329	042-585-3004	양육지원시설
18	대전클로버	대전광역시 중구 사득로79번길 78, 302호	042-583-4006	양육지원시설
19	사랑샘	부산광역시 남구 유엔평화로 10번길 62	051-621-7003	양육지원시설
20	한남하우스	서울특별시 강서구 방화대로 6가길 34, 302호	02-2661-8805	양육지원시설
21	애란영스빌	서울특별시 마포구 희우정로 20길 44-13, 303호	02-333-4725	양육지원시설
22	애란모자의집	서울특별시 서대문구 홍제내 4길 9-7	02-391-4725	양육지원시설
23	아름뜰	서울특별시 마포구 양화로 8길 32-3	02-334-4614, 4619	양육지원시설
24	생명누리의집	서울특별시 은평구 서오릉로 25가길 3-21, 리츠하우스 302호	02-326-5891	양육지원시설
25	달빛둥지	서울특별시 성북구 오패산로 17길 24-13	02-912-1616	양육지원시설
26	구세군디딤돌	서울특별시 종로구 평창12길 8-18, 자유빌라 302호	070-7547-8895	양육지원시설
27	안단테	울산광역시 중구 성안10길 16	052-903-9202	양육지원시설
28	세움누리의집	인천광역시 부평구 백범로 478번길 8-7	032-504-2227	양육지원시설
29	스텔라의 집	인천광역시 남구 승학길26번길 40(유일아트빌)	032-864-0054	양육지원시설
30	모니카의집	인천광역시 연수구 청량로 184번길 16	032-832-8075	양육지원시설
31	어린엄마둥지	전남 나주시 보현길 11 (보산동)	061-333-0054	양육지원시설
32	살로메나눔터	전남 순천시 남제새길 53-43	061-744-0550	양육지원시설
33	기쁨누리	전북 전주시 덕진구 인교6길 13-13	063-241-3381	양육지원시설
34	아기사랑 엄마의집	제주도 제주시 신대로6길 22, C동 (굿모닝빌)	064-723-2010	양육지원시설
35	천안새소망의집	충남 천안시 동남구 태조산길 142-28	041-568-0691	양육지원시설

3. 생활지원시설

■ **입소대상 및 기능:** 18세 미만(취학 시 22세 미만, 군 복무기간 가산)의 자녀를 양육하는 무주택 저소득 한부모가족 및 출산지원시설 또는 양육지원시설 퇴소자 중 스스로 아동을 양육하는 한부모에게 자립을 준비할 수 있도록 주거 등을 지원(한부모 성별(모(母) 또는 부(父))에 따른 전용시설 입소)

■ **입소기간:** 5년(연장가능기간 2년)

■ **지원내용:** 주거 등 생활 지원 / 자립프로그램 실시 / 심리·정서적 전문상담 및 심리치료 지원 / 방과 후 아동지도, 아동급식비 지급 / 자립준비 활동 중 양육공백 지원(시설 아이돌봄 서비스 지원) / 기타 국가 또는 지방자치단체가 정하는 경비 지원 (연계 또는 정보제공)

■ **시설현황**

번호	시설명	주소	전화번호	시설유형
1	성은빌	강원도 강릉시 모산로390번길 15	033-645-3302	생활지원시설
2	은가람빌	경기도 부천시 소사구 안곡로 194번길 14	032-343-4398	생활지원시설
3	세림주택	경기도 여주시 북내면 도예로 361-38	031-881-0075	생활지원시설
4	희망모자원	경남 김해시 분성로376번길 21-10	055-329-2521	생활지원시설
5	통영신애원 그린나래	경남 통영시 광도면 죽림양지길 62	055-649-1020	생활지원시설

6	다솜빌리지	경북 포항시 남구 송도로 57-15	054-247-4261	생활지원시설
7	영신해밀홈	경북 울진군 후포면 후포삼율로 49-1	054-788-2110	생활지원시설
8	안동복지원	경북 안동시 복주5길 23-17	054-852-0929	생활지원시설
9	상록모자원	경북 칠곡군 왜관읍 석전로 69-32 상록빌리지	054-971-0897	생활지원시설
10	달팽이모자원	경북 구미시 지산1길 46-4	054-453-0755	생활지원시설
11	경주애가원	경북 경주시 새골길 1	054-772-5440	생활지원시설
12	인애빌	광주광역시 남구 용대로 91	062-672-9312	생활지원시설
13	우리집	광주광역시 광산구 어등대로 563번길 30	062-232-1313	생활지원시설
14	하은빌리지	대구광역시 남구 대덕로 181, 205호	053-471-4096	생활지원시설
15	자용모자복지관	대구광역시 달서구 달구벌대로 301길 186	053-564-1043	생활지원시설
16	소망모자원	대구광역시 서구 새방로25길 46	053-557-5798	생활지원시설
17	본마을빌라 모자원	대구광역시 달서구 구마로 14남길 46	053-568-5115	생활지원시설
18	목련모자원	대구광역시 수성구 파동로26길 6	053-763-5185	생활지원시설
19	루시모자원	대전광역시 중구 선화서로 23번길 63	042-256-2911	생활지원시설
20	해맞이빌	부산광역시 연제구 해맞이로 99번길 7	051-504-2456	생활지원시설
21	한나빌리지	부산광역시 사하구 오작로 166번길 2	051-293-3800	생활지원시설
22	청학모자원	부산광역시 영도구 함지로79번길 65-16	051-403-6515	생활지원시설
23	은애모자원	부산광역시 서구 장군산로 103번길 6	051-241-1133	생활지원시설
24	안나모자원	부산광역시 서구 꽃마을로 163번길 40	051-241-2421	생활지원시설
25	다비다모자원	부산광역시 서구 꽃마을로 24	051-244-2508	생활지원시설
26	선재누리	서울특별시 성동구 무학로4길 21	02-6959-6858	생활지원시설 (부자가족)
27	구세군한아름	서울특별시 강서구 까치산로8길 36-5	02-2691-8445	생활지원시설 (부자가족)
28	해오름빌	서울특별시 용산구 신흥로26길 21-3	02-754-5702/0874	생활지원시설

29	평화모자원	서울특별시 구로구 안양천로 539길 18	02-2614-4303	생활지원시설
30	창신모자원	서울특별시 구로구 오류로 8나길 28	02-2612-7142	생활지원시설
31	영락모자원	서울특별시 성북구 솔샘로5길 47	02-941-1970	생활지원시설
32	성심모자원	서울특별시 용산구 새창로12길 11-3	02-712-5287	생활지원시설
33	동광모자원	서울특별시 노원구 덕릉로 623-1	02-930-5782	생활지원시설
34	보리수마을	울산광역시 중구 함월2길 39	052-245-5321	생활지원시설
35	인천광역시 아담채	인천광역시 남동구 경신로 47	032-461-2324	생활지원시설 (부자가족)
36	푸르뫼 Mom&Kids	인천광역시 연수구 청솔로 51	032-832-1468	생활지원시설
37	빈첸시아의집	인천광역시 남구 수봉로33번길 64 102동 201호	032-872-3101~2	생활지원시설
38	함평자광드림빌	전남 함평군 함평읍 함장로 1202-40	061-322-2588	생활지원시설
39	목포태화모자원	전남 목포시 용당국민로 7	061-276-1434	생활지원시설
40	원광모자원	전북 전주시 완산구 소대배기로 18-34	063-222-7383	생활지원시설
41	이산모자원	전북 완주군 용진읍 지암안길 42	063-244-8018	생활지원시설
42	이리성애모자원	전북 익산시 고봉로6길 29	063-855-1605	생활지원시설
43	신광모자원	전북 군산시 부곡로 19 신광빌라	063-462-7749	생활지원시설
44	에벤에셀모자원	충남 서천군 장항읍 장항로 286번길 5	041-956-4433	생활지원시설
45	세화주택	충남 계룡시 두마면 입암길 40-3	042-841-0113	생활지원시설
46	청주해오름마을	충북 청주시 상당구 다리실로 233	043-285-4438	생활지원시설

4. 일시지원시설

- **입소대상 및 기능:** 배우자의 물리적·정신적 학대로 아동의 건전 양육과 모 또는 부의 건강에 지장을 초래할 우려가 있는 가족에게 가족관계 증진 및 법률 지원

- **입소기간:** 6개월(연장가능기간 1년)

- **지원내용:** 주거 및 식사제공 / 생활보조금 지원(한부모가족 지원사업 안내 지침에 따름) / 의료혜택: 의료급여 대상자로 관리 / 법률상담, 심리상담 / 퇴소 후의 자립을 위하여 시설 외 근로를 희망하는 경우 적극 지원 / 입소사실에 대한 비밀보장과 특별지원 / 자녀의 방과 후 지도, 아동급식비 지급 / 기타 국가 또는 지방자치단체가 정하는 경비 지원(연계 또는 정보제공) / 자립지원 활동 중 양육공백 지원 (시설 아이돌봄 서비스 지원) / 학령아동이 인근학교에 출석을 원하는 경우에는 관련 교육기관과 협의, 수업에 참가할 수 있도록 조치(시설입소자 아동의 전·입학 문제 등) / 주민등록표의 열람 또는 등·초본 교부제한 신청 가능

■ 시설현황

번호	시설명	주소	전화번호
1	비공개시설	경기	031-1366
2	비공개시설	경남	055-1366
3	비공개시설	대구	053-1366
4	비공개시설	대전	042-1366
5	비공개시설	서울	02-1366
6	비공개시설	울산	052-1366
7	비공개시설	인천	032-1366
8	비공개시설	전북	063-1366
9	비공개시설	제주	064-1366

5. 한부모가족복지상담소

■ 이용대상 및 기능: 한부모가족에 대한 위기·자립상담 및 문제해결 지원

■ 지원내용: 한부모가족의 복지에 관한 상담 및 지도에 관한 사항

■ 시설현황

번호	시설명	주소	전화번호
1	새생명지원센터	충북 청주시 상당구 상당로144번길 23, 4층	1577-3053

6. 위기임신 긴급전화

■ 추진배경: 예기치 않은 임신, 준비되지 않은 출산으로 기존의 미혼·이혼·사별 임산모뿐만 아니라 기혼, 중증장애, 국적미등록자, 다문화 등 사각지대 위기임신으로 도움이 필요한 임산부의 출산지원 필요성이 대두됨에 따라 위기상황에서 쉽게 접근할 수 있는 24시간 전국망 상담전화를 개설하여 위기임신 긴급전화를 운영하고자 함

■ 시설현황

번호	시설명	주소	전화번호	시설유형
1	마리아의집	강원도 춘천시 스무숲2길 16-3	033-264-0194	출산지원시설
2	생명의 집	경기도 용인시 기흥구 중부대로 807-10	031-334-7168	출산지원시설
3	새싹들의집	경기도 군포시 당산로161번길 10	031-457-4383	출산지원시설
4	생명터 미혼모자의집	경남 창원시 마산회원구 내서읍 호계본동2길 15-1	055-231-0583	출산지원시설
5	엔젤하우스	광주광역시 남구 용대로 91	062-651-8585	출산지원시설
6	가톨릭푸름터	대구광역시 수성구 들안로32길 96-11	053-764-8536	출산지원시설
7	대전자모원	대전광역시 대덕구 덕암로 118길 47	042-934-6934	출산지원시설
8	마리아모성원	부산광역시 서구 천해남로 7	051-253-7543	출산지원시설
9	애란원	서울특별시 서대문구 연대동문길 138	02-363-4750	출산지원시설
10	마음자리	서울특별시 강서구 화곡로 53나길 53	02-2691-4365	출산지원시설
11	(사)깨달음과 나눔 도담하우스	서울특별시 송파구 성내천로 23가길 6-4	02-449-8893	출산지원시설

12	구세군두리홈	서울특별시 서대문구 독립문로 8길 41	02-363-5722	출산지원시설
13	인천자모원	인천광역시 중구 우현로50번길 23-2	032-772-0071	출산지원시설
14	성모의집	전남 목포시 원형서로 46-1, 403호	061-279-8004	출산지원시설
15	애서원	제주도 제주시 한경면 청수동 4길 30	064-773-2010	출산지원시설
16	구세군아름드리	충남 천안시 동남구 태조산길 142-28	041-568-0691	출산지원시설

4
상담연락처 안내

1. 가족상담전화 (1577-4206)

■ 지원내용 및 방법

구분	미혼모부·한부모가족상담		가족서비스상담	다누리콜센터
지원 내용	- 초기 상담 - 출산 및 양육 - 심리·정서 상담 - 기관 연계 등	- 한부모 지원 서비스 - 정부 지원 자격 안내 - 시설 안내 - 기관 연계 등	- 심리·정서 상담 - 가족 서비스 종합정보 제공 등	- 다문화가족 정부정책 정보 제공상담 - 폭력피해 등 긴급지원 - 부부·가족상담 - 통·번역서비스
	⇨ 가족센터 전문상담원을 통한 심층·대면상담 연계			
지원 방법	전화, 문자, 온라인(한국건강가정진흥원 및 다누리포털 등 누리집, 카카오톡)			전화, 온라인, 대면상담
전화 상담	1577-4206(1번)		1577-4206(2번)	1577-1366
	365일 24시간		365일 8~22시	365일 24시간

※ 온라인 상담 : 한국건강가정진흥원 홈페이지〉국민·소통〉온라인상담 클릭

2. 여성긴급전화 (1366 / 국민콜110으로도 문의 가능)

- **개요:** 가정폭력·성폭력·성매매·스토킹·디지털성범죄 등으로 긴급한 구조·보호 또는 상담을 필요로 하는 여성들이 언제라도 전화를 통해 피해 상담을 받을 수 있도록 전국적으로 통일된 국번 없는 특수전화 「1366」을 365일·24시간 운영하여 여성인권을 보호

- **지원대상:** 가정폭력·성폭력·성매매·스토킹·디지털성범죄 등 폭력피해자

- **지원내용**
  - ▶ 여성폭력 피해자에 대하여 신고접수 및 긴급상담, 관련 기관·시설과의 연계, 피해자에 대한 긴급한 구조 지원 (* 디지털 성범죄 피해 영상물(성적 허위영상물, 피해촬영물, 아동·청소년 성착취물등) 긴급 삭제지원 연계)
  - ▶ 전문상담소 연계 곤란한 특정 시간(야간·휴일 등)에 1차 긴급 상담 후 전문상담소로 연계
  - ▶ 폭력피해자에 대한 적절한 위기개입, 상담활동, 긴급 구조를 위한 112, 119 등 연계조치, 의료·보호시설에 대한 정보제공 등
  - ▶ 폭력피해여성 대상 찾아가는 현장 서비스 지원
  - ▶ 스토킹, 교제폭력 피해자 등에 대한 긴급상담 및 임시보호 등 지원
  - ▶ 긴급피난처 운영을 통한 임시 보호(최대 7일) (단, 교제폭력 피해자 등 타 보호시설로 연계가 어려운 경우 30일까지 연장 가능)

한부모라는 세계

초판 1쇄 발행 2025년 10월 24일

지은이 강은영, 김남중, 김태영, 백시하, 안소희(가나다순)
펴낸이 서제필
책임편집 나진이
기획 및 편집 ㈜로미브릭 정경미, 김하림, 정윤진

펴낸곳 마인드빌딩
출판등록 2018년 1월 11일 제 2024-000136호
이메일 mindbuilders@naver.com

ISBN 979-11-994075-3-4(03810)

- 본 도서는 서일이앤엠(주), 사단법인 함께하는 사랑밭의 후원으로 제작되었습니다.
- 이 책의 인세 전액은 한부모 가정을 위한 지원 기금으로 기부됩니다.

- 책값은 뒤표지에 있습니다.
- 잘못된 책은 구입하신 곳에서 바꿔드립니다.
- AI 훈련을 목적으로 책을 사용하거나 복제할 수 없습니다.

마인드빌딩에서는 여러분의 투고 원고를 기다리고 있습니다.
출판하고 싶은 원고가 있는 분은 mindbuilders@naver.com으로
기획 의도와 간단한 개요를 연락처와 함께 보내주시기 바랍니다.